庫

間取りの手帖 remix

佐藤和歌子

筑摩書房

間取りの手帖 remix 目次

間取りの手帖
remix

デザイン　sign　　図版協力　廣岡孝弥

001

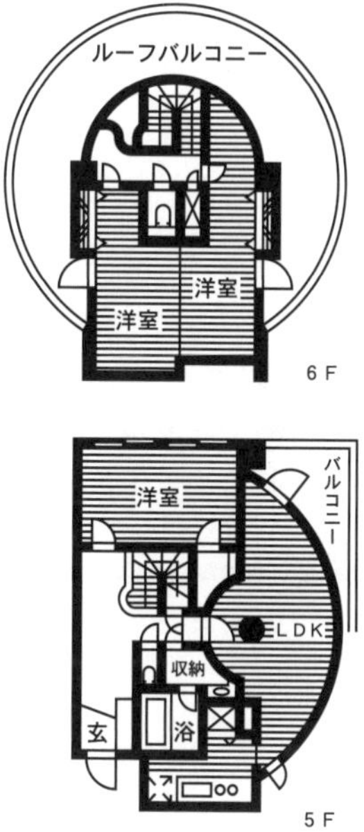

ぐるり。(25万円)

002

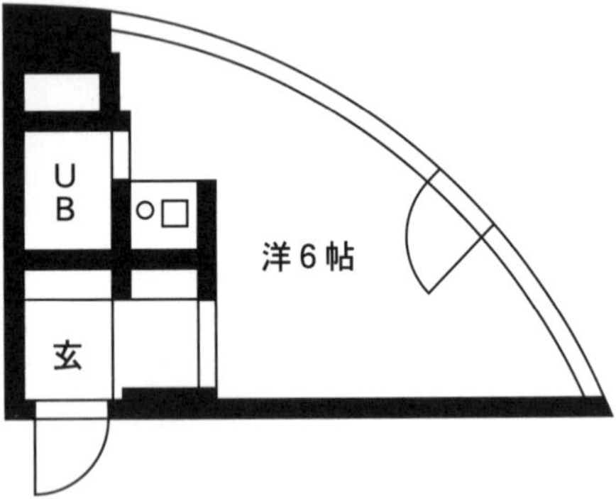

つるり。(7.5万円)

003

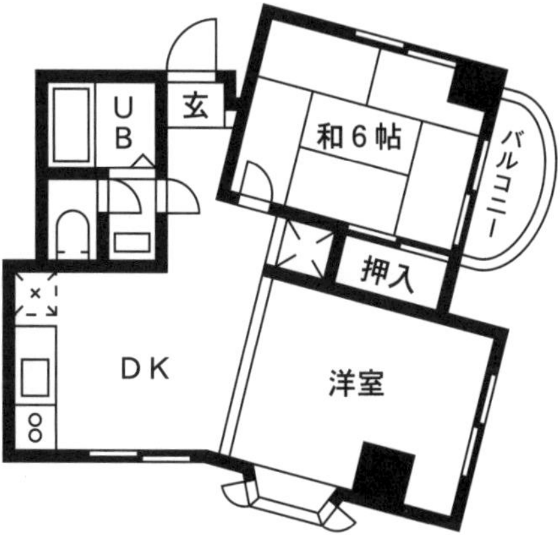

ずるり。（10.8万円）

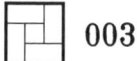

004

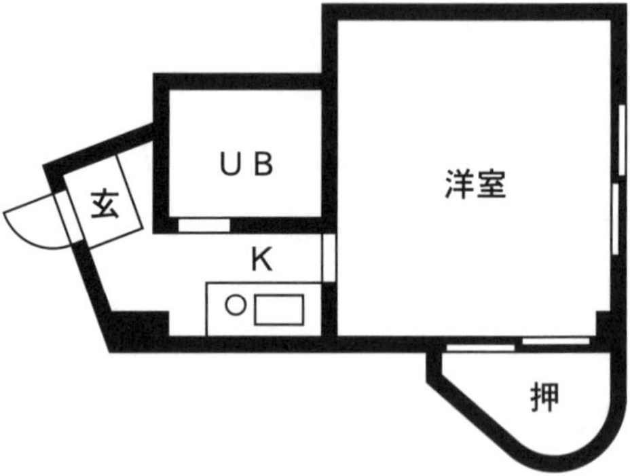

ぽっこり。(6万円)

005

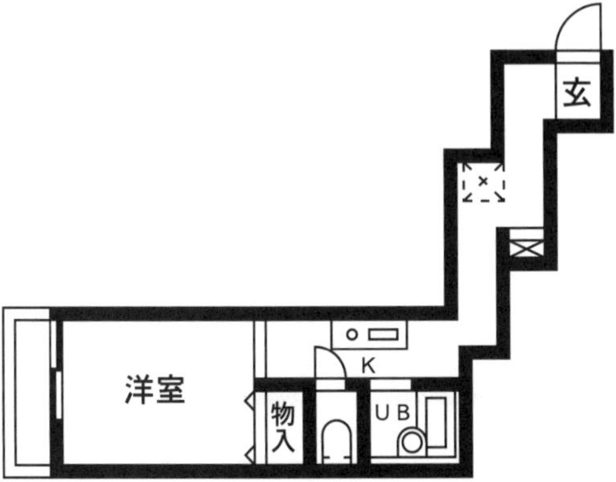

うにょうにょ。(7万円)

006 

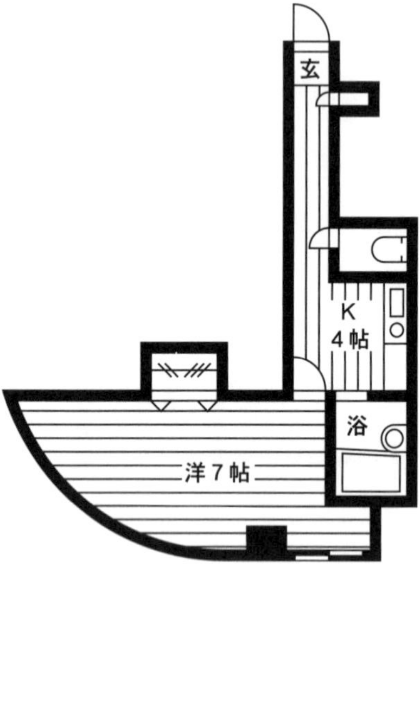

ぐらぐら。(8万円)

007

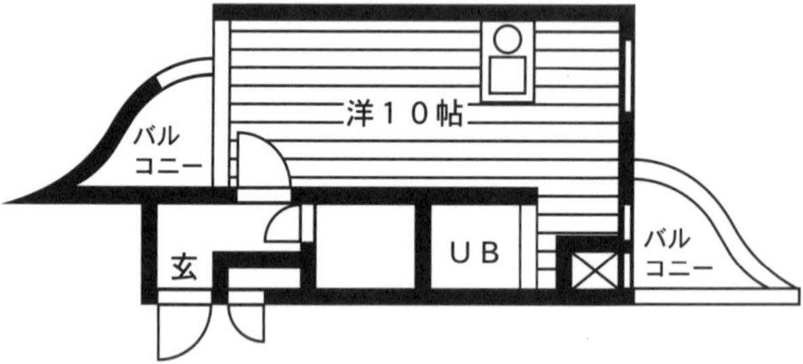

つまみやすい。(11.5万円)

008

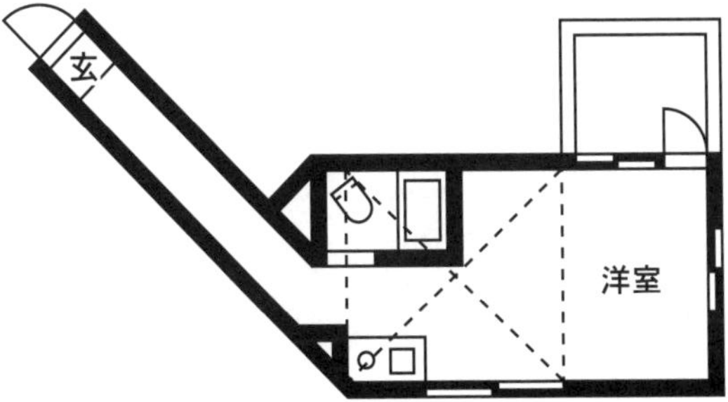

つかみやすい。(3.2㎡)

009

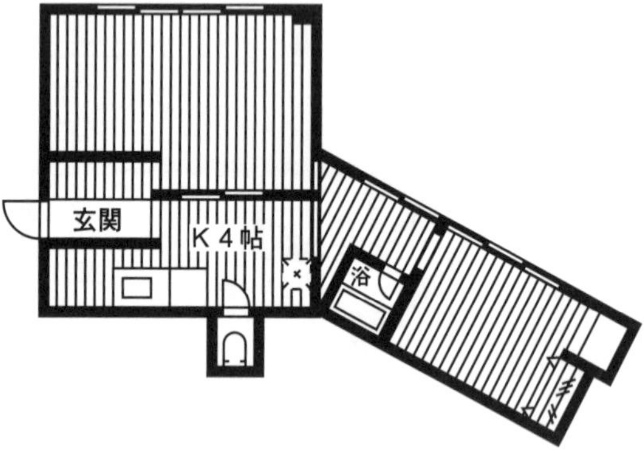

もげそう。（13万円）

010

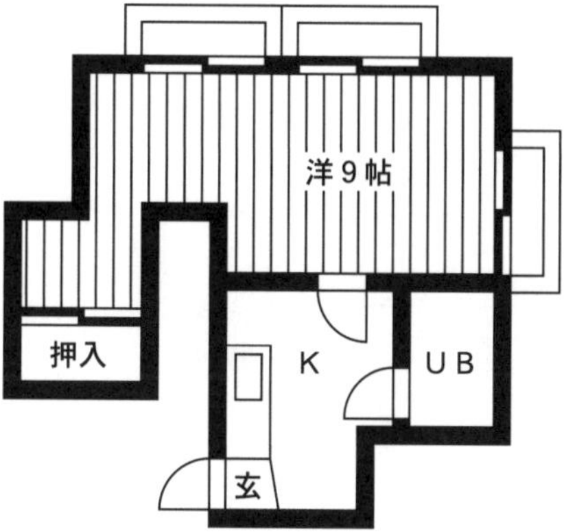

もいじゃえ！（5.7万円）

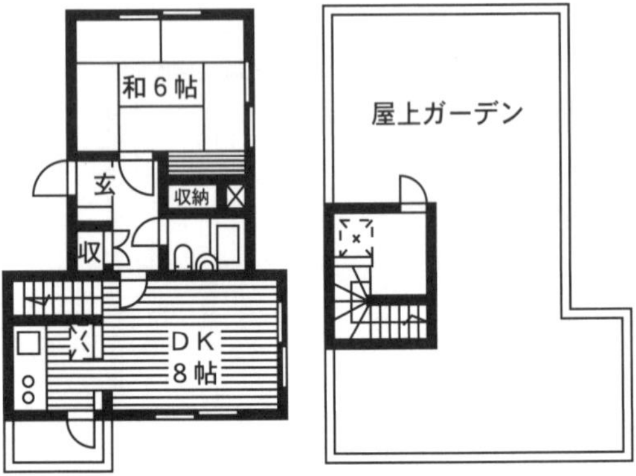

新朋解国語辞典126ページより（10頁）

【おくじょうガーデン】

「屋上」と「ガーデン」からなる造語。「屋上庭園」とも。厳密な意味では単に「屋上」であり、主に洋風建築の屋根の上を指す場合が多い。デパートや高層ビルなどの屋上に、樹木や草花が植えられていることを指すこともある。昔は共同となっていたマンション、アパート等集合住宅の屋上も、最近は区分けして、最上階の個々の住宅専用とするところが増えている。そうした専用性を強調するために「ガーデン」や「庭園」という語を用いる向きもあるが、今のところ明確な使い分けはない。（→図参照）

図の例でも「屋上ガーデン」へ上がる階段が住宅の内部にあり、この一戸専用となっていることが見て取れる。また、階段の踊り場に洗濯機置き場があり、すてきな奥さんが「屋上ガーデン」で洗濯物を干している姿を容易に想像させる。通常のマンションやアパートでは、図左下に見えるような「バルコニー」のみの場合が多く、専用の「屋上」や「屋上ガーデン」を備えている物件はまだまだ少数派であるからして、洗濯干場だけでなく、何か斬新で先進的な使い方をしてみたいものである。洗濯物の応用で布団やシーツなどを干してもよいが、「屋上ガーデン」の一番の特質は屋外性であるから、それを利用して季節感を演出してみると楽しい。春は日光浴、夏はビアガーデン、秋はキノコ狩りの収穫を干すのも一興。冬は無理して使わなくともよい。

012

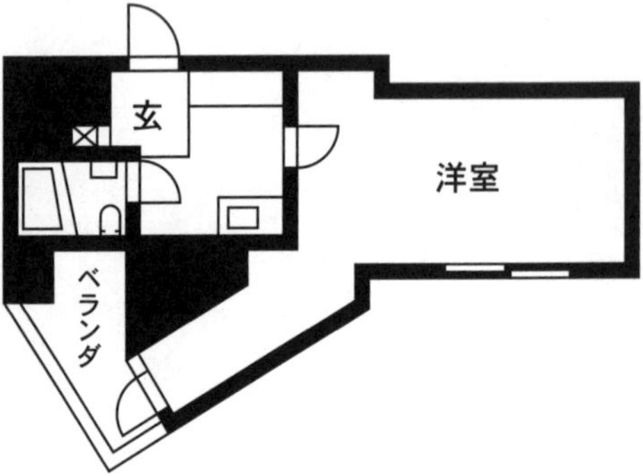

どうしてもベランダが欲しかった。(6万円)

013

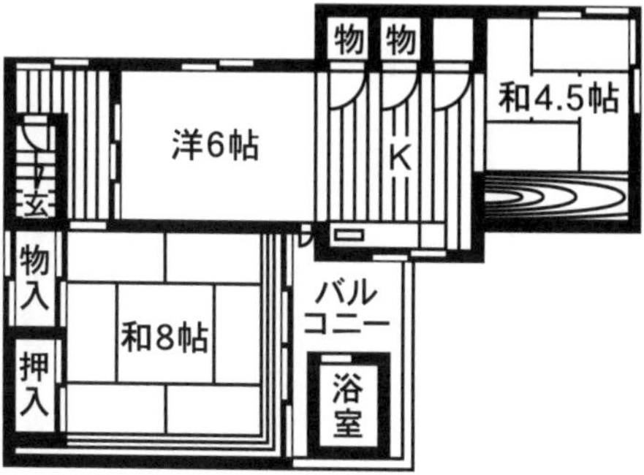

風呂場も大切。(6.8万円)

014

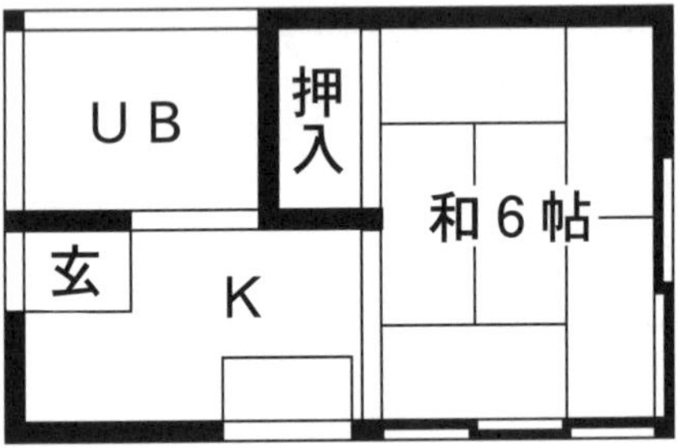

解放的。（4.9万円）

015

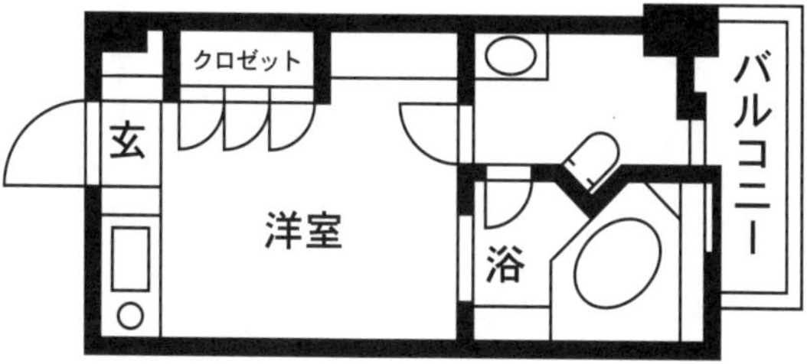

煽情的。（6万円）

016

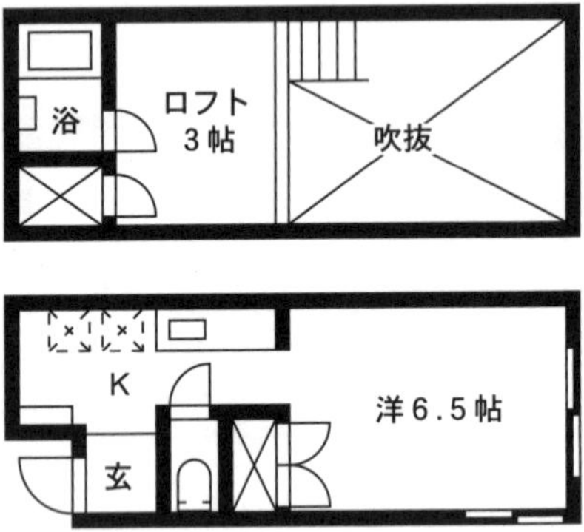

風呂場で頭にタンコブができた。(6.1万円)

017

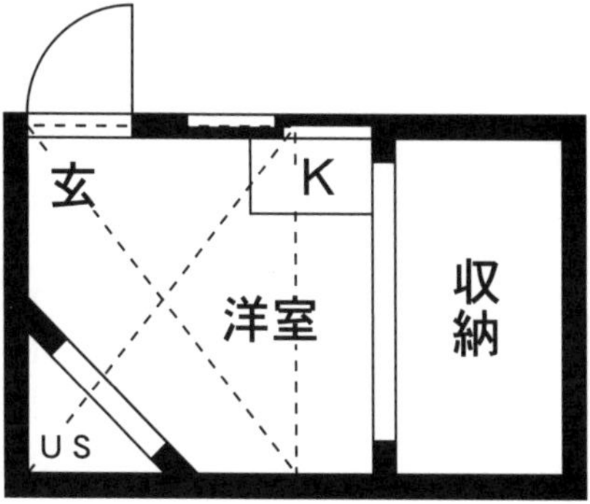

ユニット・三角コーナー。(5万円)

018

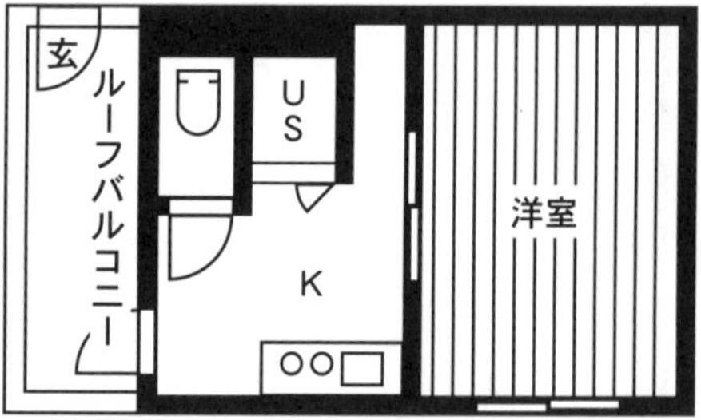

靴がざりざりする。(8万円)

019

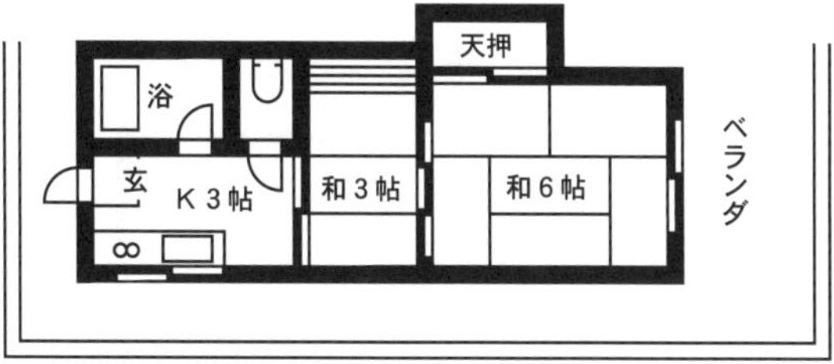

何らかの治安対策を。(7.5万円)

020

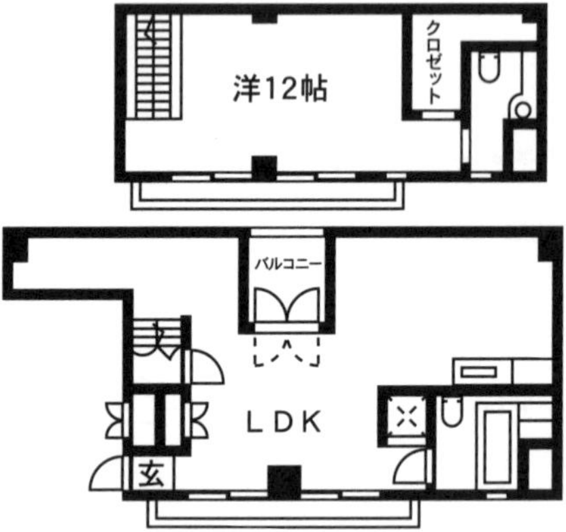

それでもベランダが欲しかった。（13万円）

021

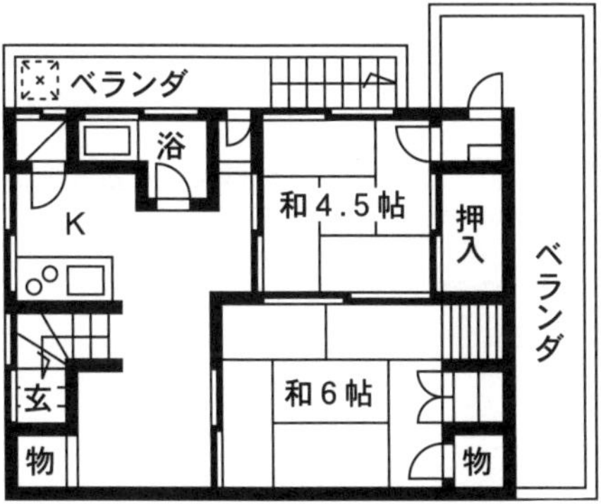

こだわりの段々畑。（7.3万円）

022

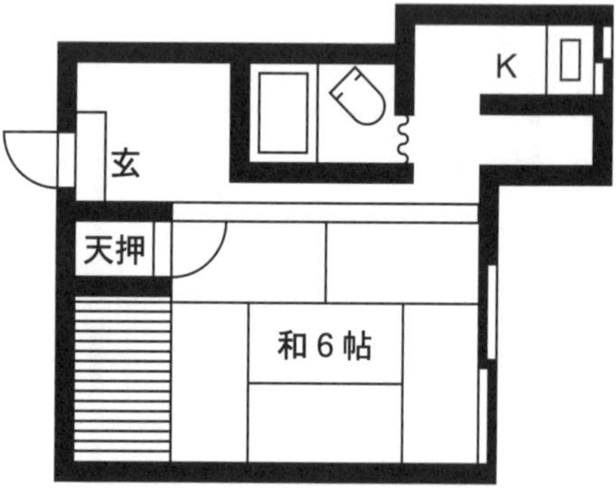

女子は遊びに来ない。(6万円)

023

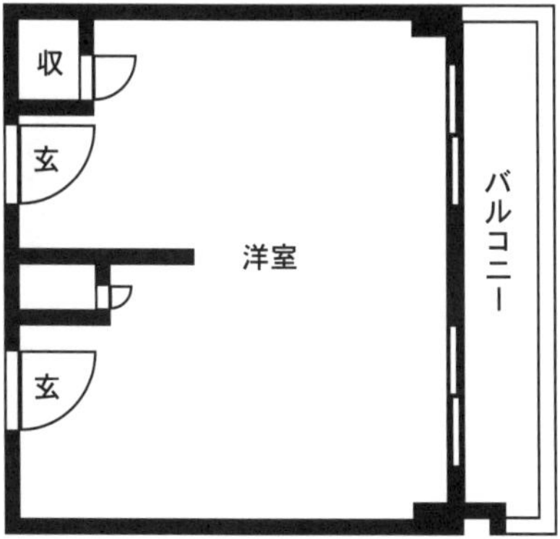

鍵の管理に悩む。（5万円）

024

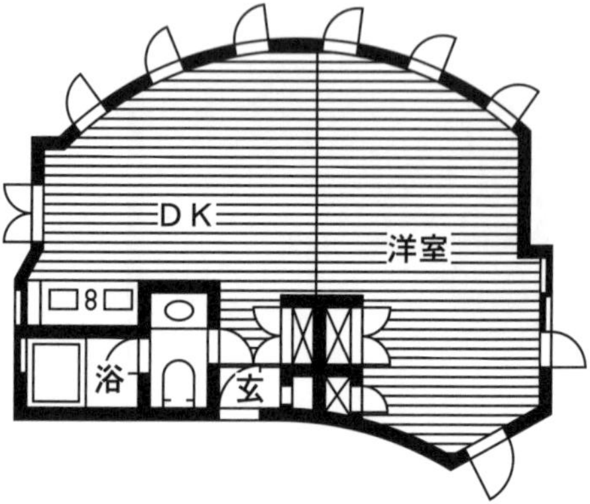

戸締まりが面倒。(15.7万円)

025

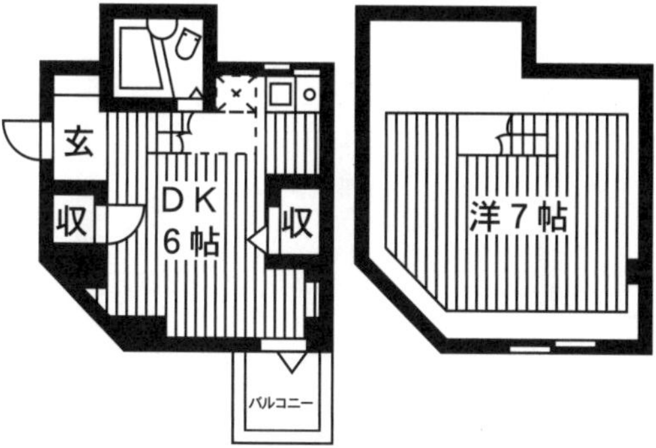

寝相には気をつけたい。(9万円)

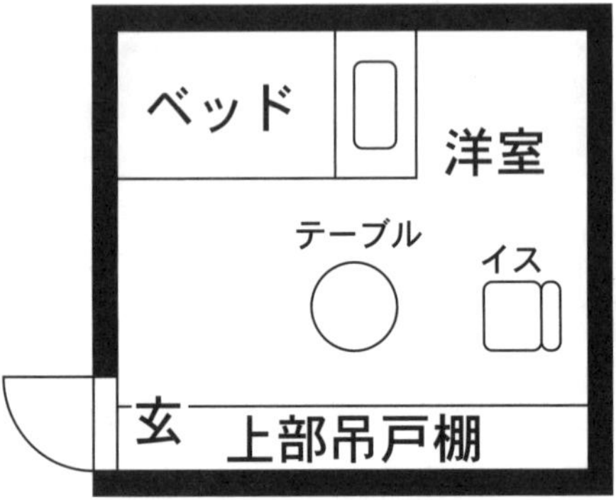

陽の当たらない部屋(5万円)

コラム②

「麻美、具合はどう？」
「……」
「石川さんと津野田さんがお手紙下さったわよ」
「……」
「ホラ、開けてみる？」
「……」
「じゃあ、ここに置いとくわよ？」
「……」
「石川さんと津野田さん……わかる？」
「……」
「その腕の傷はどうしたの？」
「……」
「何か食べたい物はある？」
「……」

「お父さんが、うなぎでも持って行こうかって言ってるんだけど」
「……」
「まあ、また今度にしましょうね……。持ってきて欲しいものはない？」
「……」
「夜はちゃんと眠れるの？」
「……」
「石川さんと津野田さん、わかる？」
「……」
「その腕の傷はどうしたの？」
「……」
「何か食べたいものはある？」
「……」

027

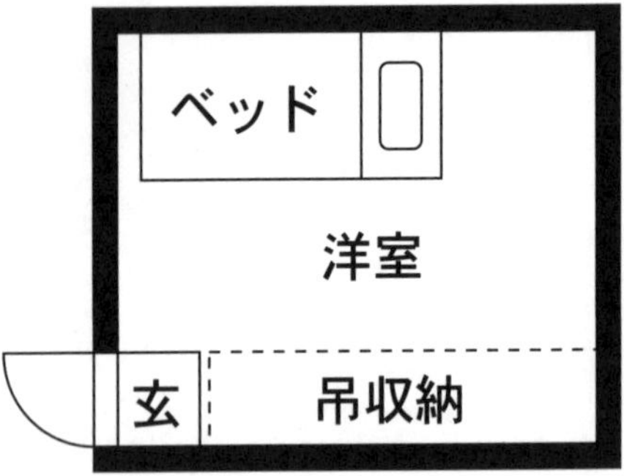

滞在時間＝睡眠時間。(5㎡)

028

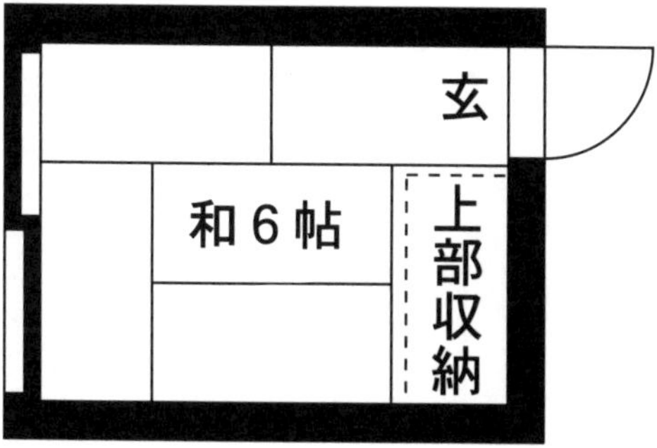

地味な生活。（4万円）

029

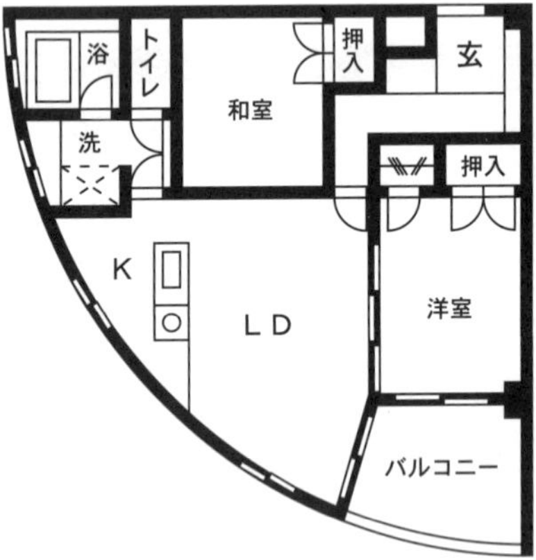

おだやかな生活。(12.2万円)

030

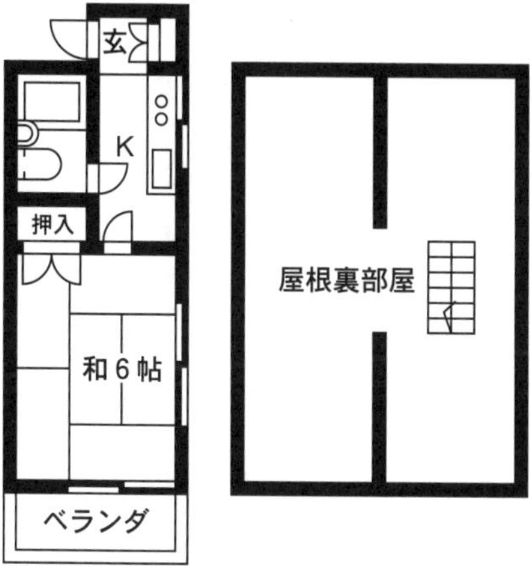

隣人の生活。(7万円)

031

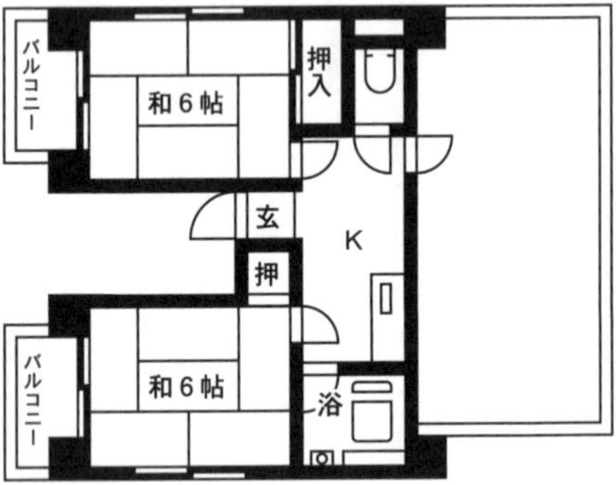

すれ違う生活。(7.5万円)

032

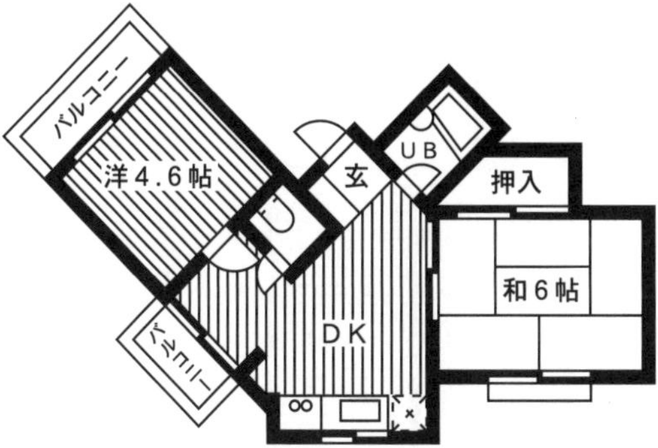

バラバラな生活。(11.5万円)

033

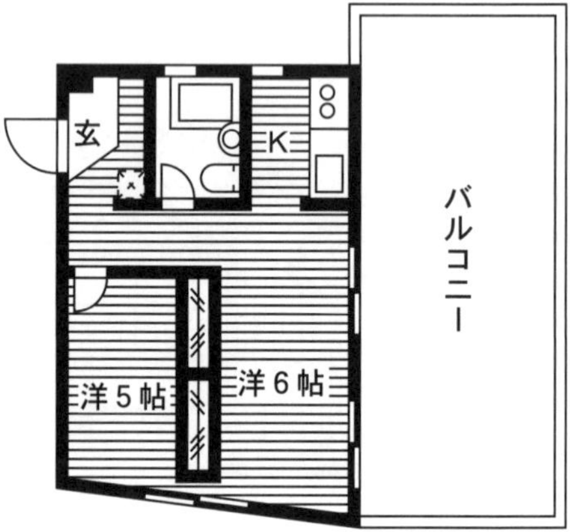

コラム③

夏の出来事（11.5万円）

平成十八年八月一日（晴）

今日は、私のたん生日でした。十一才になりました。ママは、家をリホームして、私の部屋を作ってくれました。本当はママの知りあいの人が来て、その人が作ってくれました。うちは母子家庭です。（最近は、シングルマザーと呼ぶそうです。）だからママは、「こういう時はやっぱり男手がないと」と言っていました。

部屋といっても、もとはひと部屋だったところにたなを置いて、そのたなと直角になるように、かべとドアを付けたものです。柏木さん（ママの知りあい）がドライバーを使って組み立ててくれたので、ママと私は楽ちんでした。天井や窓のところにすき間があるので、あまりうるさくはできないな、と思います。でもやっぱり、自分の部屋ができたのはうれしいです。自分の寝るところがせまくなったのに、ママは嫌な顔一つしないで、すごいなと思いました。「お金が貯まったら広いところに引っ越そうね」とママは言っていましたが、私は「今のままでもじゅうぶんだよ」と言いました。

リホームが終わった後、みんなでベランダでバーベキューをやりました。暑かったけど、柏木さんがアウトドアの話をしてくれて、とても楽しかったです。ママはけむりがご近所迷わくになるのではないか、と心配していました。周りが気にならないところで、いつかバーベキューできたらいいな、と思いました。

五年二組　近藤亜希

034

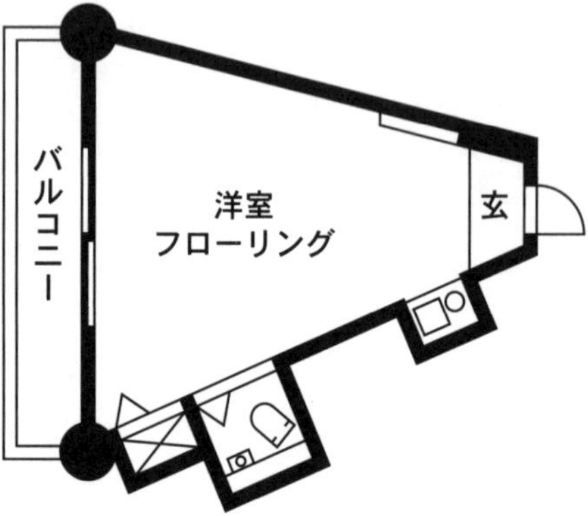

奥行きに騙される。(7万円)

035

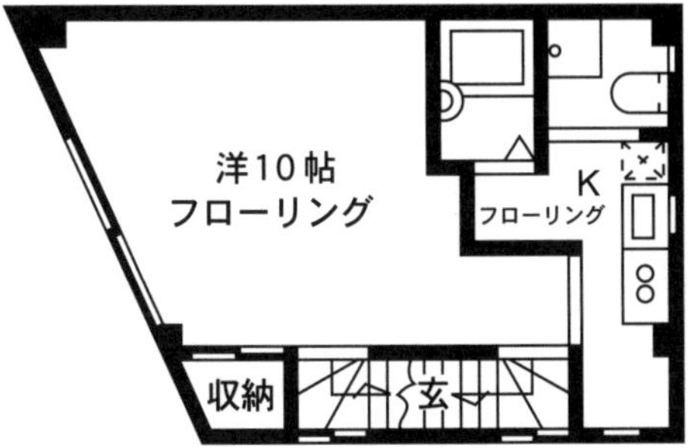

エッシャー設計。(12万円)

036

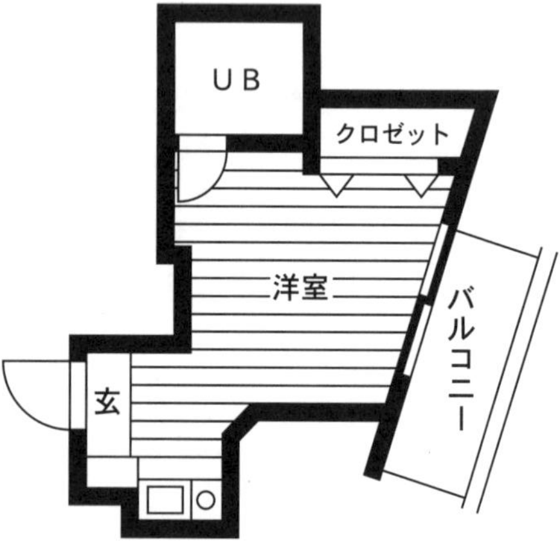

魚。(5.5万円)

037

トンボの顔。（10.5万円）

038

ポエム

名もない空間(8万円)

もしも名前があったなら
きみはぼくを呼ぶだろう

ガレージ？
それもいいかもしれない
ガレージで
バイクの手入れでもするのかな
昔とったきねづか
なんて言いながら
油まみれになるんだろ
でもそれはぼくじゃない

物置？
それもいいだろう
物置に
サーフボードをたてかける

風もないのに風鈴を
つり下げるのもごあいきょう
地震の時には少し揺れるよ
でもそれはぼくじゃない

だって
ガレージならガレージで
他のどこかのガレージが
物置なら物置で
他のどこかの物置が
いくらだってあるだろう

だから
名前は持たずにいるよ

039

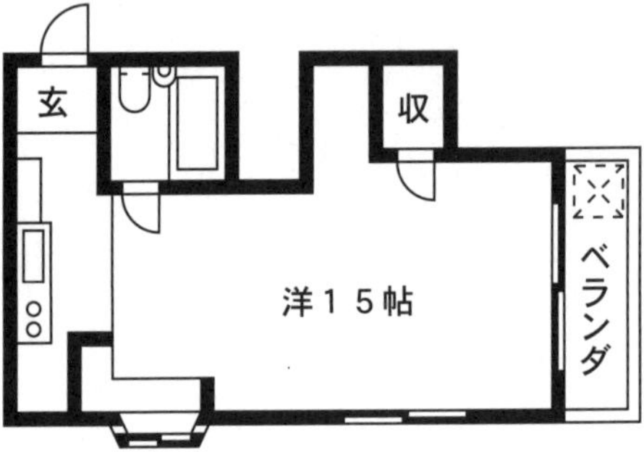

出窓を飾り立てたい方に。(10.5万円)

040

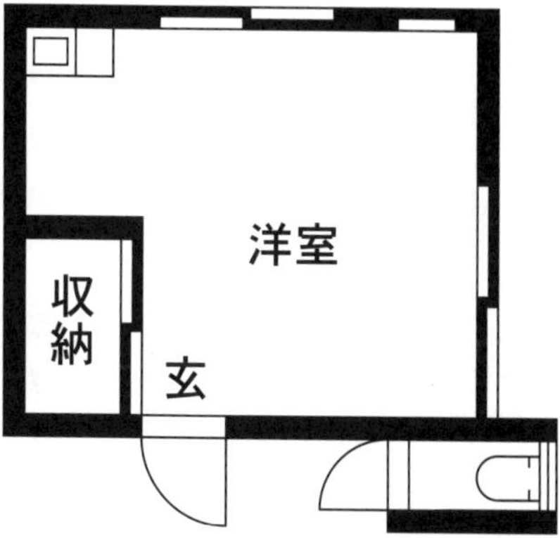

便秘症にはおすすめできない。(3万円)

041

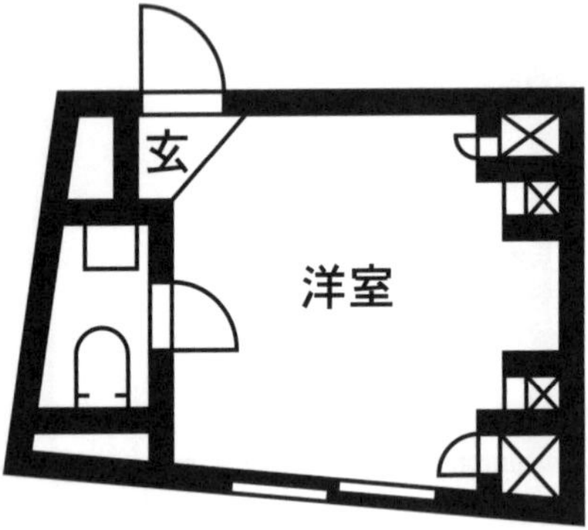

小物入れとか持ってそう。(4畳)

042

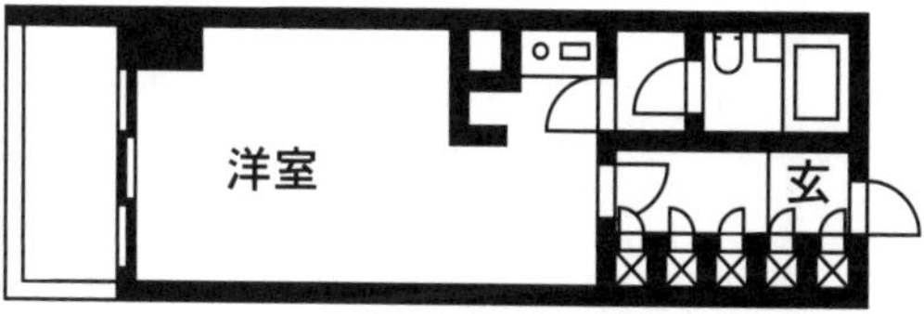

靴べらたくさん持ってそう。(7.6万円)

043

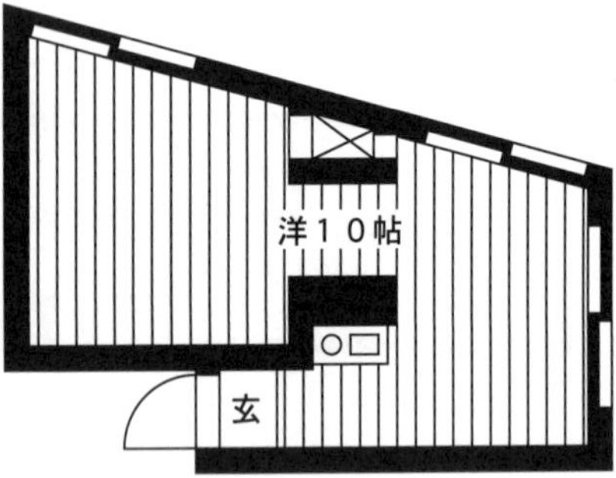

駆け出しのアイドルに与えたい。(3万円)

044

しずかちゃんには満足できない。(6万円)

045

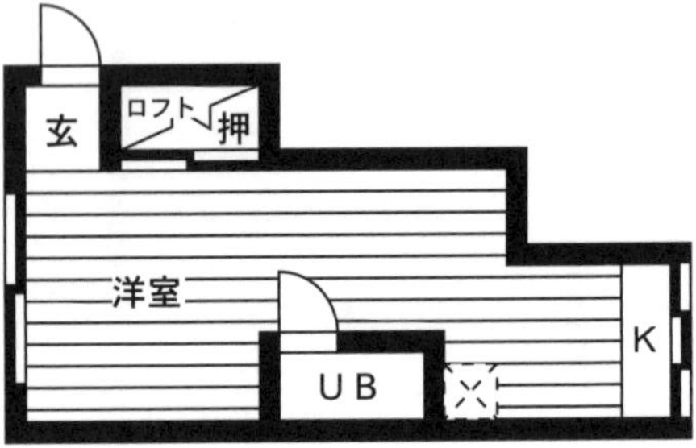

ドラえもんがいつ帰ってきてもいい。(6.7万円)

046

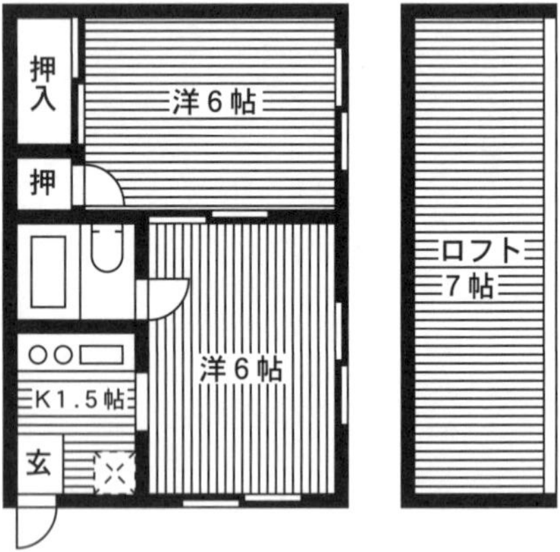

コラム④

間取りと七人の小人 (9.7万円)

『白雪姫』の七人の小人って、たしか山を七つ越えた森の中に住んでいるんだよね。でも今は、今はね、こんなところに住んでいるんじゃないかって気がする。白雪姫が継母に殺されそうになって、森に逃げ込んだのが七歳の時。小人の留守中に家に上がり込んでベッドで寝てたらしいから、七歳児の寝床ってよくわかんないけど、たぶん畳一枚分くらい？
小人は昼間、金や銅を掘って生活していたけど、最近は金や銅もあまり出なくなって、都会に出稼ぎに来ているんじゃないかと思う。七人の小人が家を探してて、こんな物件が見つかったら、ハイホーハイホー！ きっと自分たちにお誂え向きだと喜ぶに違いない。
でも七人の小人（ディズニー版）ってよく見るとあんまりかわいくないし、元のグリム童話の七人の小人も結構ワルイ。だいたいメルヘンの世界でコビトっていったら、おじいさんが寝てる間に靴を作ってあげたアレとか、お椀の船に乗って針の刀で鬼退治するアレとか、ドラえもんの『小宇宙戦争』に出てくるアレとか……小さくて、こう耳の穴の中に隠れるようなのがスタンダードなんじゃないの？ 畳一枚分も使っちゃったりしていいわけ？
つまり『白雪姫』に出てくるヤツは、妖精みたいな架空の、メルヘンの生き物ではなくて、至極現実的な意味での小人なんだろう。そうするとこの7帖のロフトに、そういう小人が七人寝ているというわけで、童話ってメルヘンでもなんでもないんだなあ……。

047

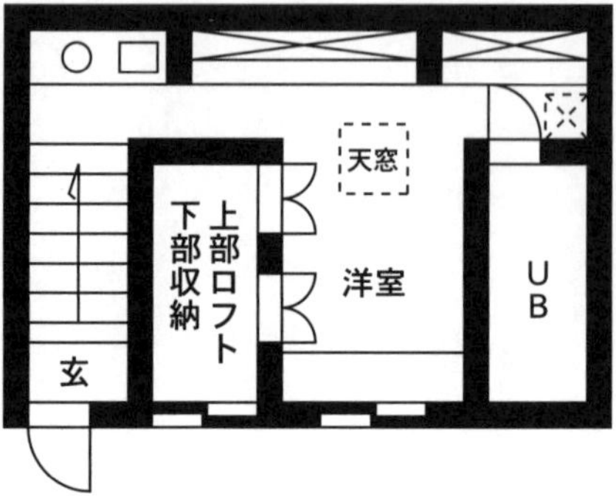

現代の小公女。(8.5万円)

048

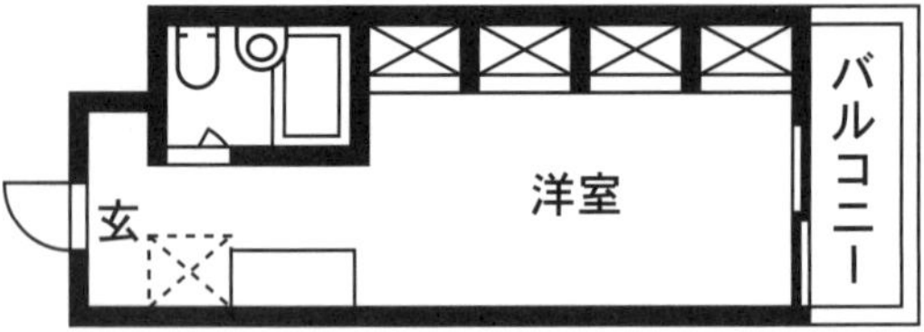

一号、二号、三号、四号。(6.2万円)

049

どうせスチールのロッカーだろう。(5.8万円)

050

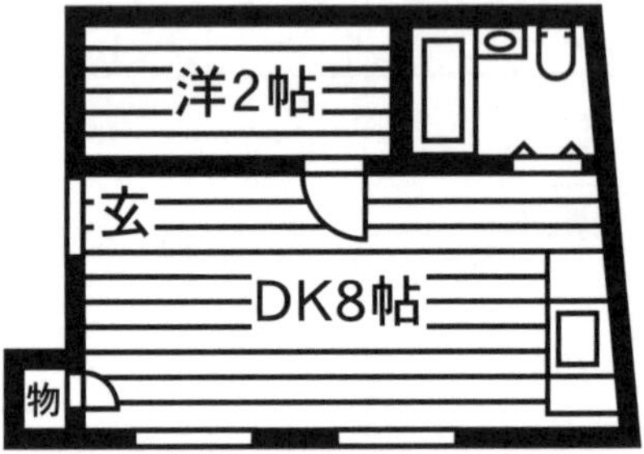

あくまでも1DK。(4.5万円)

051

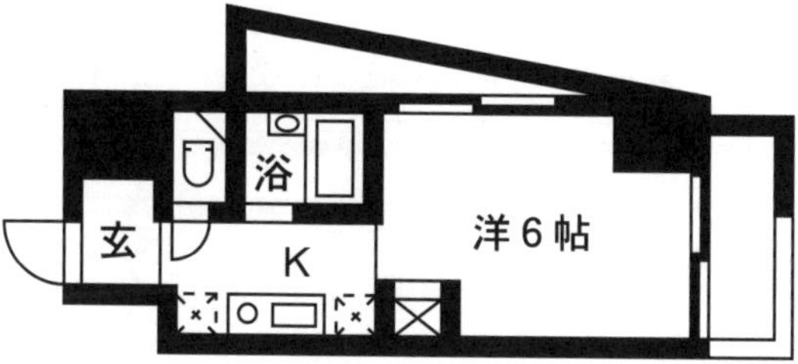

あわや2K。(6.5万円)

052

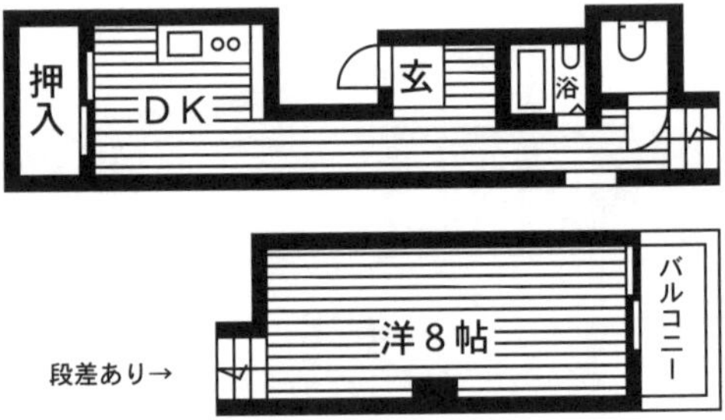

長っ。(5.8万円)

053

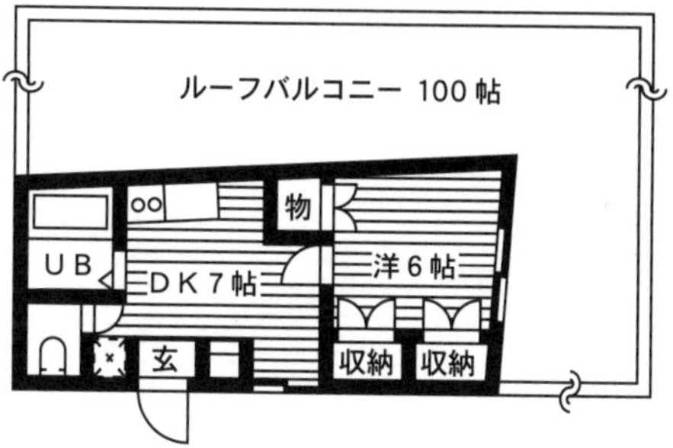
ルーフバルコニー 100帖
物
洋6帖
UB
DK7帖
玄
収納
収納

広っ。（7.8万円）

054

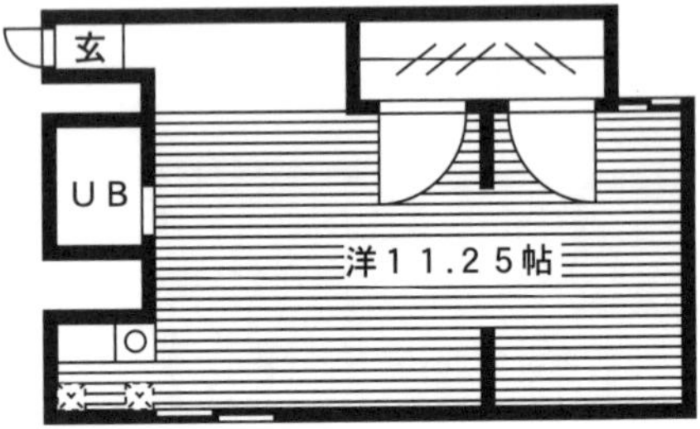

そんなところに仕切りはいらない。(7.3万円)

055

そんなところに窓はいらない。(8.7㎡)

056

何周したら満足できるのだろう。(7.9万円)

057

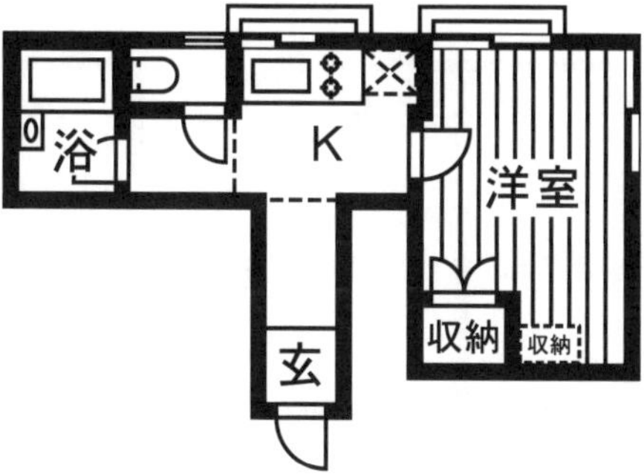

何が挟まってれば納得できるのだろう。(5.8万円)

058

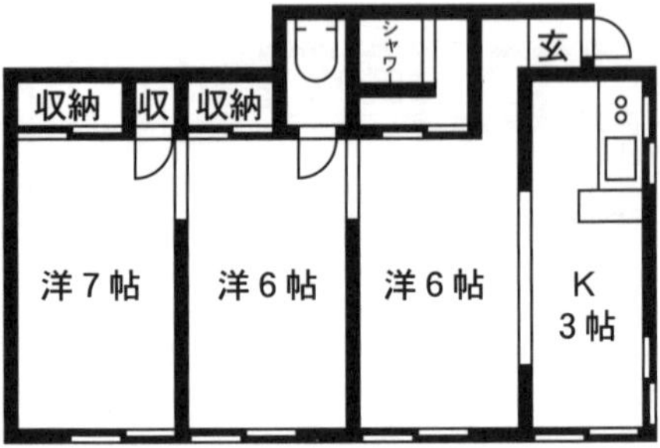

どの部屋でくつろげばいいのだろう。（11万円）

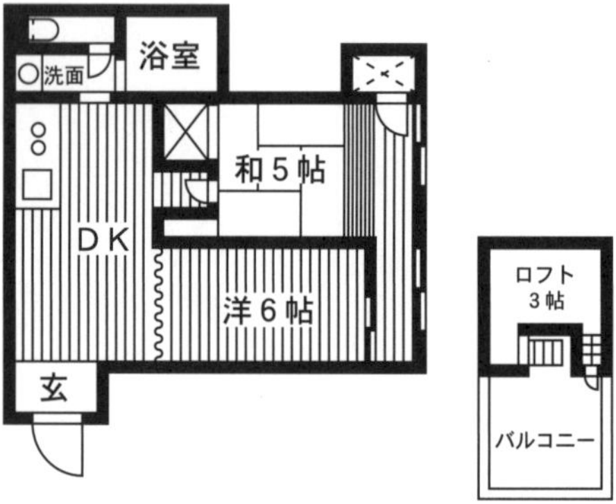

別離（12万円）

5帖の和室が夫婦の寝室だった。二人とも布団派だし、洋室は収納もないからリビングにしようと意見が一致した。引越しの下見に来た時、ロフトというよりその横のバルコニーを見て、ここに布団を干せていいね、と夫と話したことを覚えている。

最初は干した布団をそこに置くようになった。三時くらいに布団を取り込む。その時わざわざ押し入れにしまうより、そのままロフトに置いておいて、寝る時に下ろして敷けばいい。今にして思うと、二人とも無精者だったのだろう。普段、布団を干さない日は普通に押し入れに上げ下げしていたけど、そのうち、なんだかんだと荷物が増えて、収納が足りなくなってくると、ロフトが押し入れ代わりになり、すぐに布団の上げ下げが面倒になって、ロフトが万年床のようになった。

3帖に二人はやはり狭く、寝ている間の無意識かで、お互いを邪魔に思うようになったのだと思う。険悪な雰囲気で過すことが多くなり、口喧嘩が増えた。私が狭さに耐えられなくなって、自分の布団を和室に下ろすと、夫はバルコニーでビールを飲んで、そのままロフトでのうのうと眠る。夫がいない時は、私も同じことをした。夫の外泊が増えても、なんとも思わなくなっていた。

一時は二人で引越しを話し合った時期もあったが、結局それは別居という形で実現した。今でも、いっそあのロフトがなかったら、せめてあと一畳ひろかったら、と考えてしまう。

060

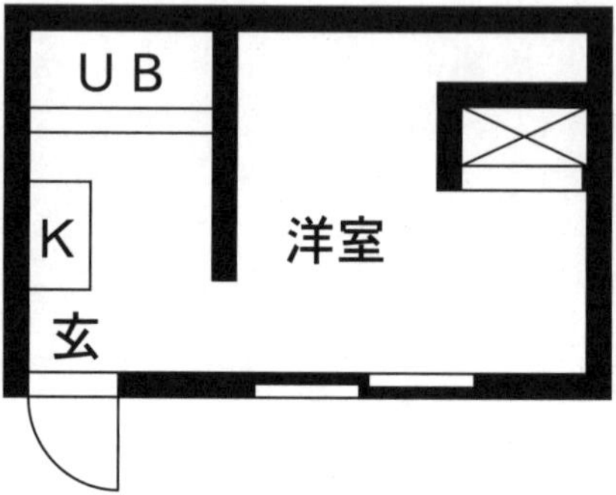

ダイエットの目標ができました。(5畳)

061

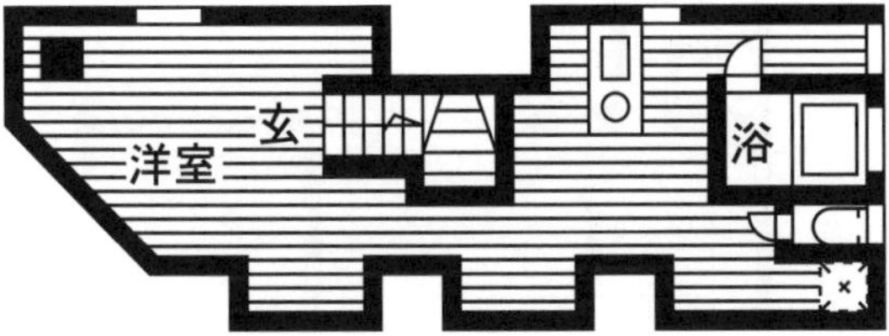

ぴったりの棚が見つかるといいですね。(5.2万円)

062

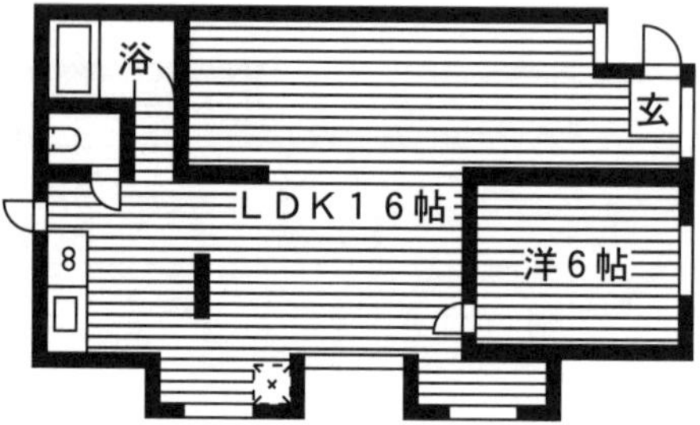

ファミコン初期のダンジョンって、
こんな感じでしたよ。(8.8万円)

063

なんか、不自然だよね。(8.5万円)

064

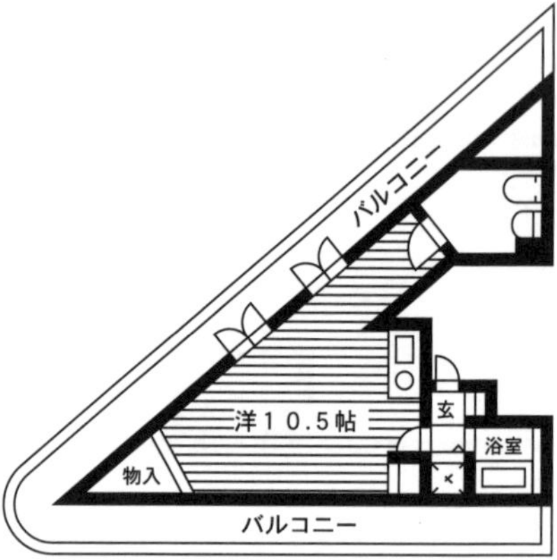

昔は尖ってたからなあ。(7.9万円)

065

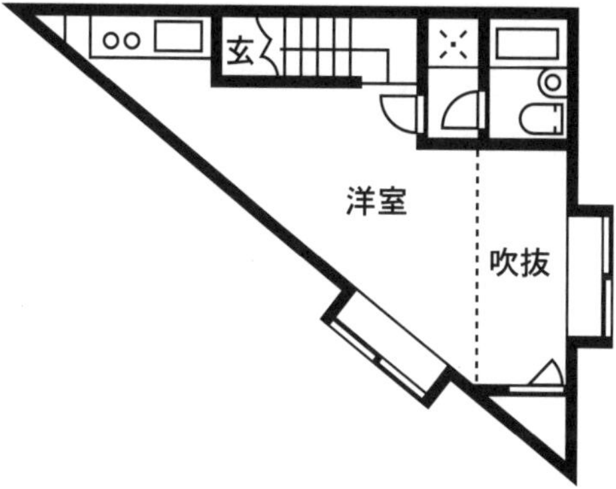

今も尖ってるよ。(7.5万円)

066

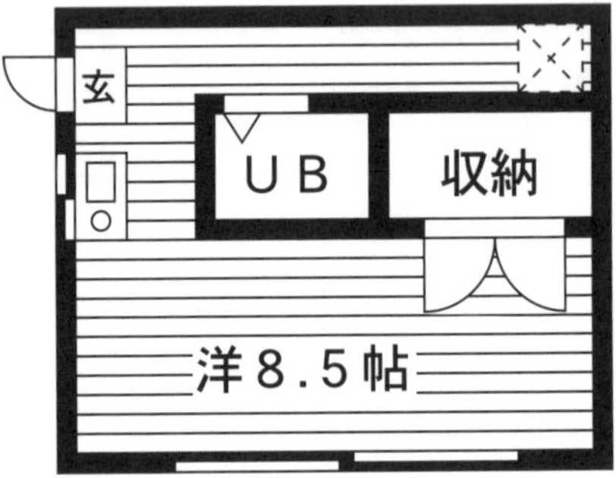

部屋干ししても匂わない？（6.5万円）

067

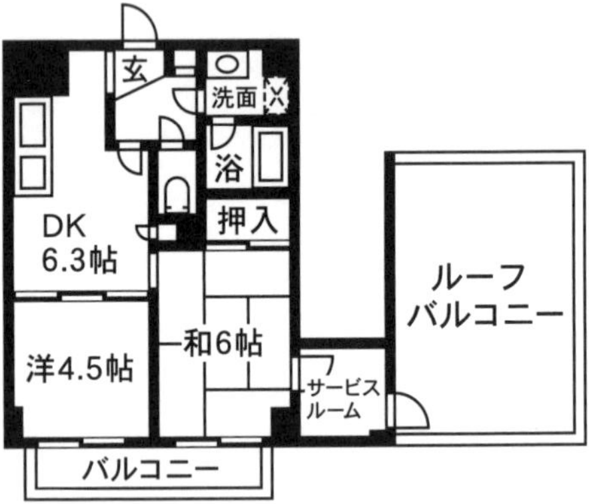

実はもっと広いベランダがあるんだよ。へー。（10万円）

068

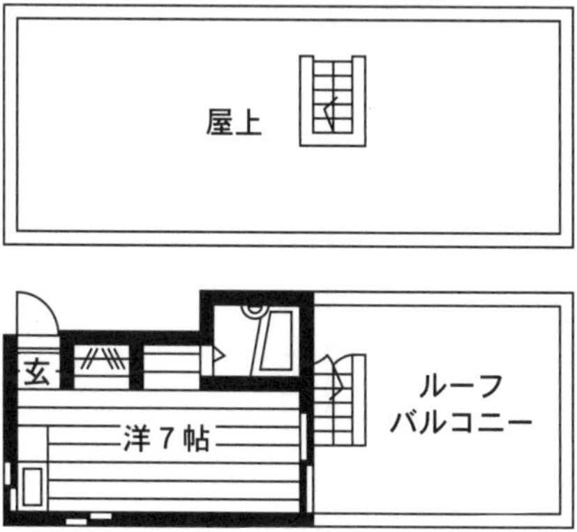

明日の天気はどうだろな。(7万円)

069

ペットでも飼うかなあ。(8.1万円)

070

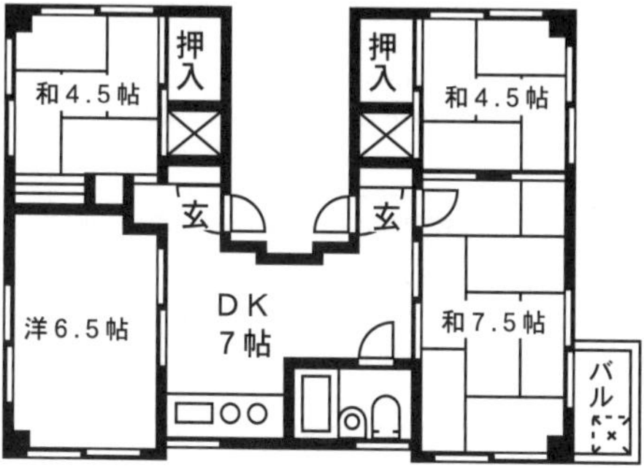

生徒さんを集めて、お茶を教えようと思うの。（12万円）

071

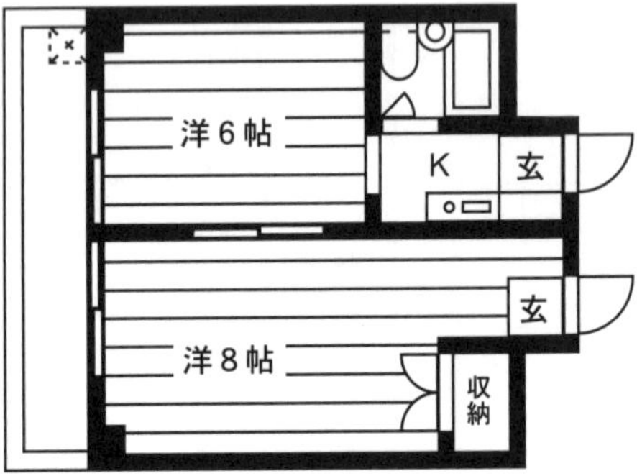

何なら逃亡者でもかくまおうか。(8.5万円)

072

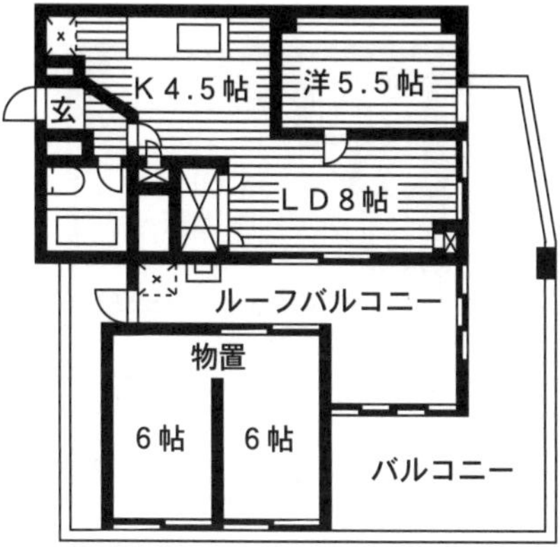

趣味は日曜大工です。(13万円)

073

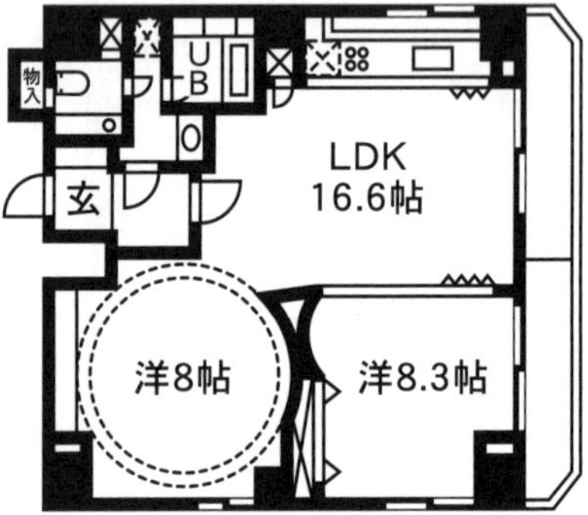

プラネタリウム始めました。(39万円)

074

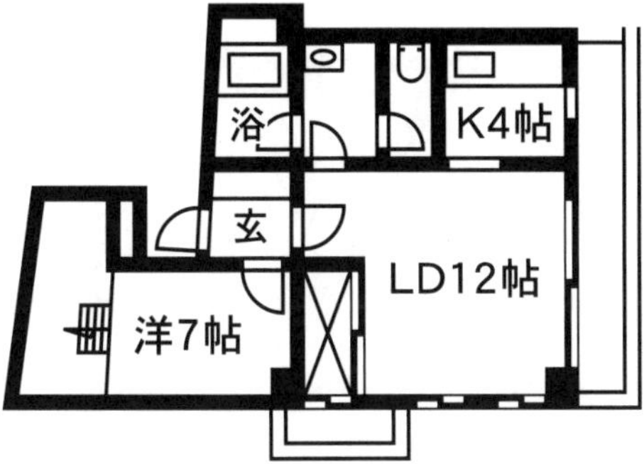

新興宗教始めました。(18万円)

075

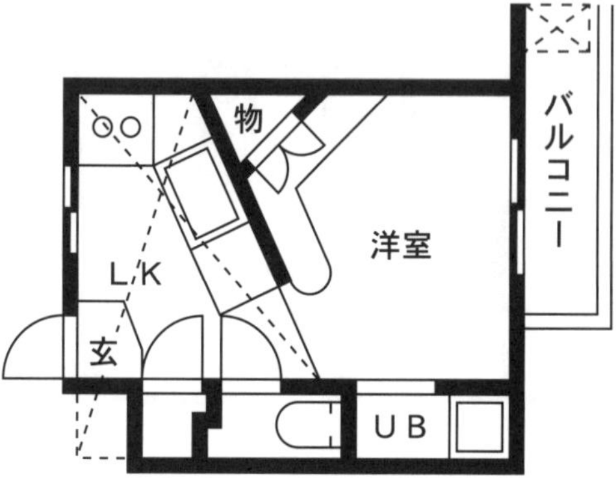

コラム⑥

「ゆとり教育」から「むだ教育」へ（7.5万円）

（上底＋下底）×高さ÷2

この間取りを見ると、ついそんな公式を思い出してしまいます。「ゆとり教育」の名の下に、一度は小学校の教科書から消え、近年「発展的な学習」として一部で復活したのだとか。ワケがわかりませんね。

子供心に、この公式、ビミョーだなー、と思ったものでした。大体、「上底」とか「下底」という言葉自体、よそで使ったことないし。別にこんな不細工な式覚えなくても、対角線を引けば、台形の面積くらい出せるわい、と思っていました。でも覚えてしまったのですね、その不細工さ故に。

この歳になって、あんな公式あったな、あれムダだったな、と思い出してみるのも、悪くないことだと思うのです。円周率も然り。3だろうと3・14だろうと、「約」でしかないのだし、中学に上がれば「π」で片付けられてしまうのだから、ムダですよ。どちみちこの世はムダだらけ。私もムダなら、あなたもムダ、この本もムダ。無駄無駄無駄無駄無駄……。だけど、無駄を愛する心さえあれば、憂き世も楽しくなりましょう。一片の間取り図から、はるか小学校時代まで思いを馳せてしまうのも、全てムダ教育の成果です。

やれこの公式は有用か、やれ円周率は何ケタまで、などと、いい大人がガタガタ言うのはどうかと思います。そんな風にケチケチしていると、「この本、何の役にも立たないジャン」という子供が沢山育ってしまいそうで心配です。

076

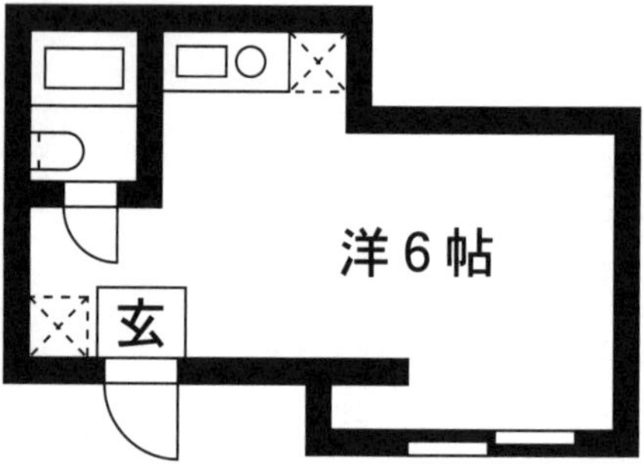

一人でかくれんぼができる。(6.5万円)

077

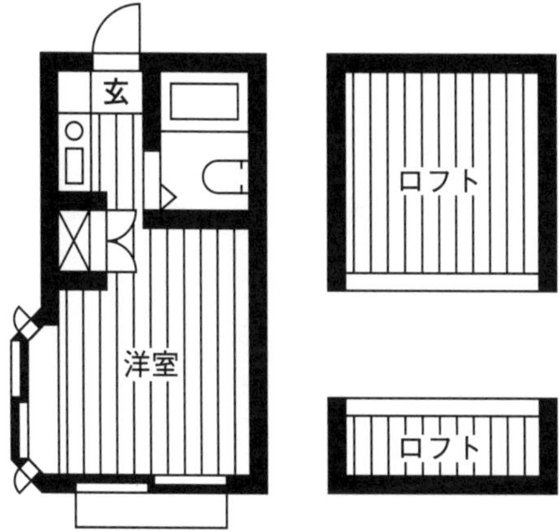

腕立て伏せができるかも。(4.7万円)

078

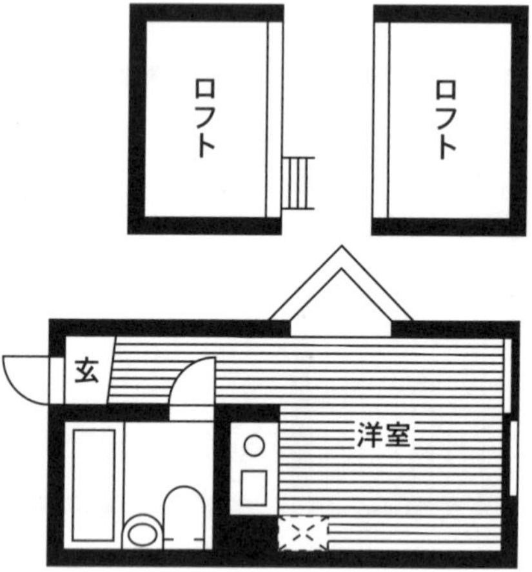

キャッチボールができる。(5.6万円)

079

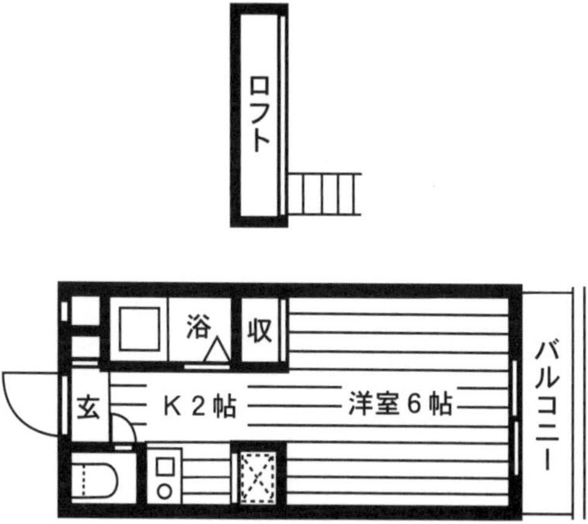

何もできない。(6.8万円)

080

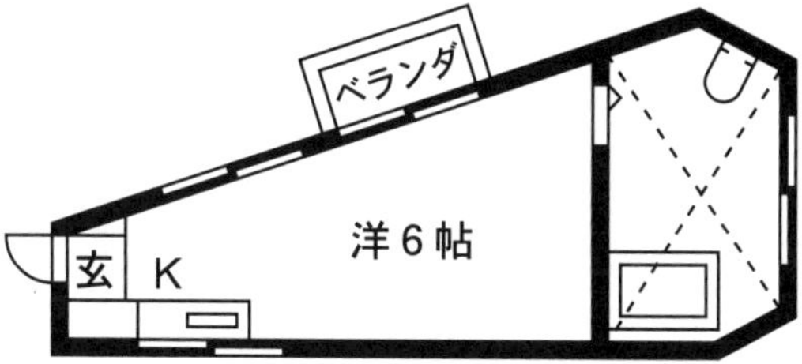

浴室が高圧的。（5.4万円）

081

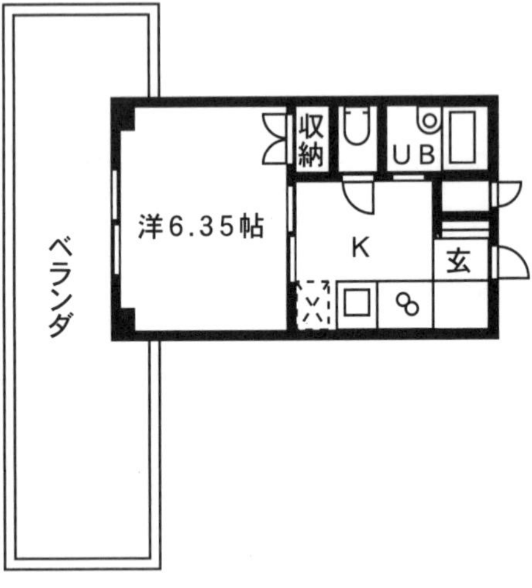

ベランダが高圧的。（8.7万円）

082

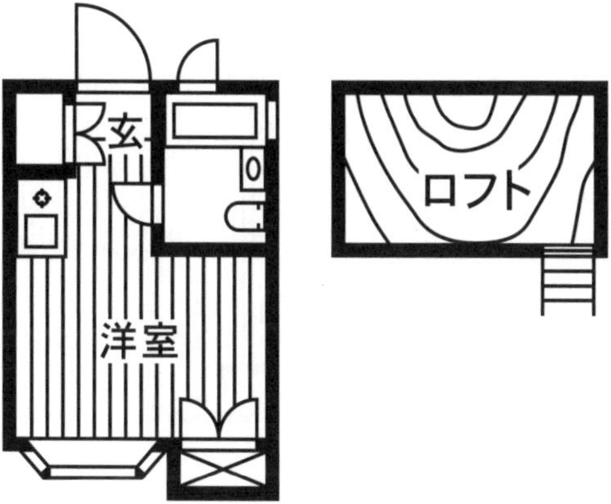

ロフトが高圧的。(4.6万円)

083

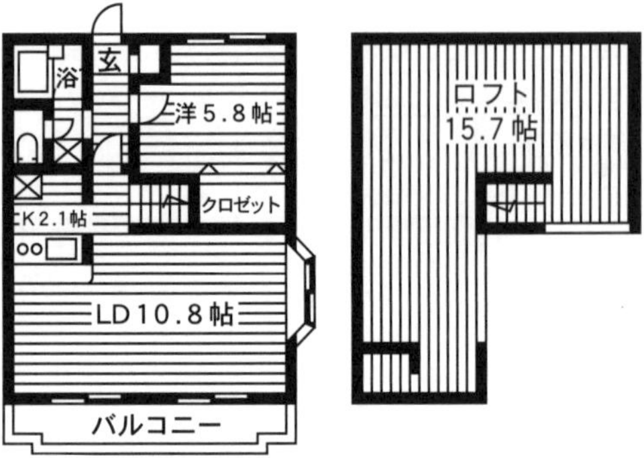

コラム⑦

メゾン・ド・ソレイユの人々（12万円）

テレビドラマで人気俳優がロフトに寝泊まりしていた頃はオシャレ感もあった。でも最近は、学生向けの手ごろな物件が増え、単に省スペース感、ともすれば貧乏感、小市民感が高まる一方。そこへきてこのロフト、さてさて。

A　学者の卵（三十二歳）の場合

ええ、寝室は、5・8帖の洋室です。クローゼットもついてるしね。ロフト？　ロフトは主に書斎に使ってます。書斎といっても本読んだり書いたりするのは、リビングですね。ロフトだと天井が低いから、気が滅入るっていうか。だから書斎というより書庫ですか。L字型の壁？　そんなものあったかなあ？

B　主婦（三十六歳）の場合

そろそろ引越したいんですけど、なかなか手ごろなところがなくて。主人の帰りが遅いので、寝室も別にしたいですし。それに、子供が二人いますでしょう？　ロフトが広いから、小さい頃はそこに二人でよかったけど、上の子の身長を考えると、そろそろ限界でしょうね。本当にどこかいいところが見つかるといいんですけれど。L字型の壁？　そんなものあったかしら？　子供に聞けばわかると思いますけど……。

C　自由業（四十三歳）の場合

ここのロフトはわりと気に入ってるね。下は客が来た時用に、あんま物は置かないのね。スッキリ、サッパリ。だからその分ロフトの奥はごっちゃごちゃよ。手前の方は布団敷いて万年床。親しい奴でも上には上げないね。完全にプライベートな空間。L字型の壁？　そんなんあったっけ？

084

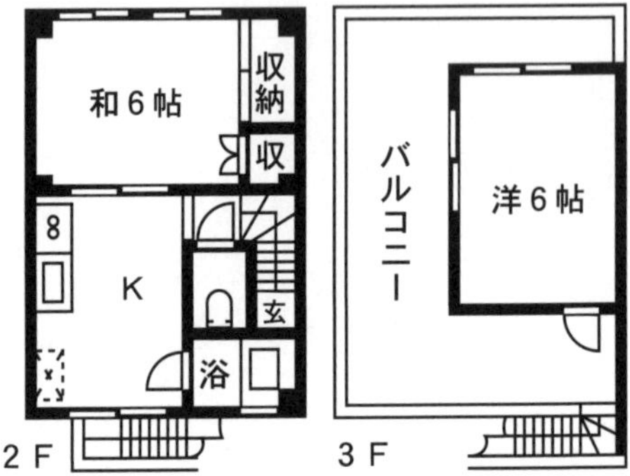

団らんはあまり期待できない。(7.5万円)

085

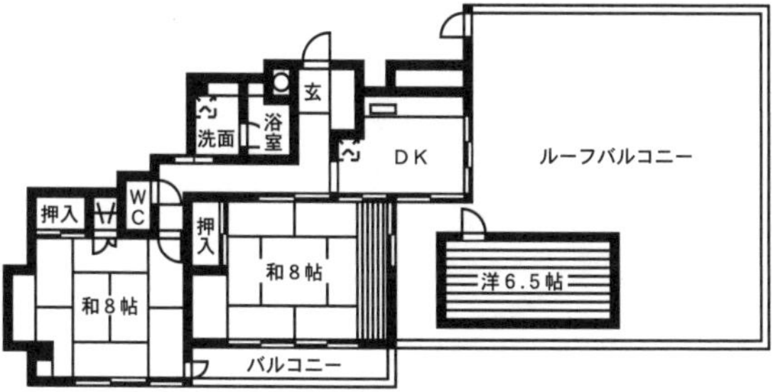

団らんも期待できる。（15万円）

086

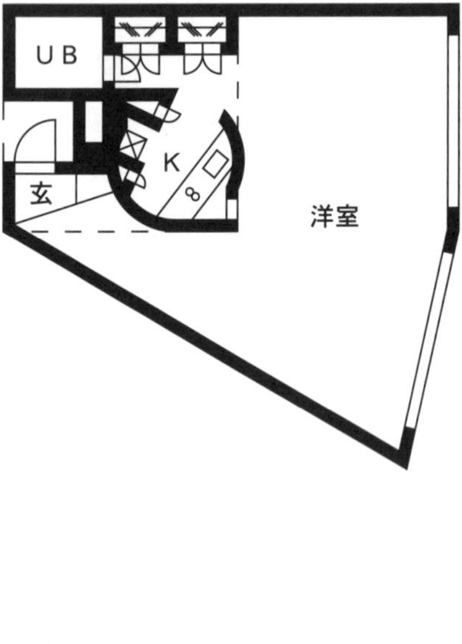

気取ってやがる。(12.5万円)

087

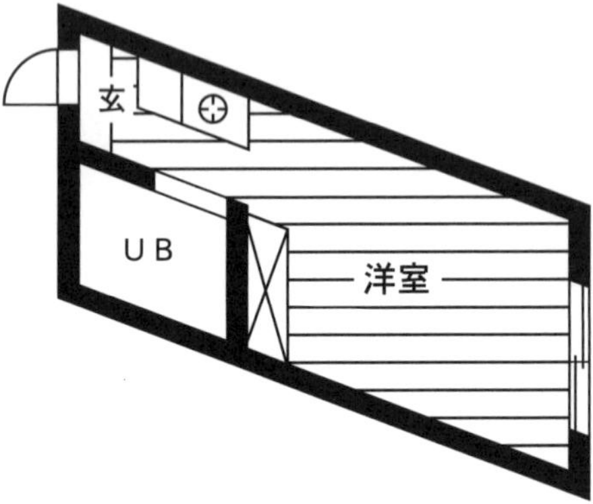

押したらつぶれそう。(6.5万円)

088

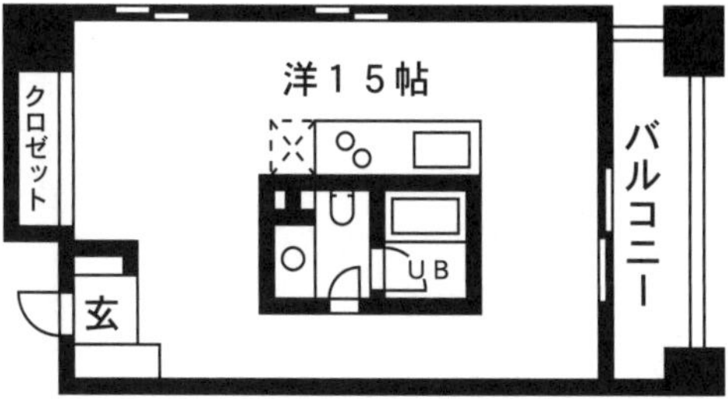

振ったら鳴りそう。（13.8万円）

コラム⑧

ここではないどこかへ(4.1㎡)

朝売新聞　平成十八年七月二十五日（朝刊）

「平成の人身御供？　都内男性宅から次々に」

二十四日夜、足立区内のアパートの一室から人が消えているという通報により、所轄職員が任意で家宅捜索を行った。

最初に通報があったのは、三月十六日。同じアパートの住民から、「大勢人が入っていったのに出て来た気配がない。様子がおかしい」との説明を受け、担当職員も当初は半信半疑だったという。その後、近隣住民から同様の通報が寄せられたことと、行方不明になっている足立区の吉田元喜さん（四十二歳、会社員）と、中野区の前沢佑香さん（二十七歳、保育士）の目撃情報があったため、捜査に乗り出した。

「前からおかしいと思っていた。客が来て話し声がしたかと思うと、いつの間にか静かになる。毎回年も服装もバラバラなので、どういう人が住んでいるのかな、と気になっていた」（下の階の住民）

「自分は別の場所に住んでいるので、詳しいことはわからない。話を聞いて驚いた」（大家）

近所では「神隠し」「人身御供」と噂され、一種の都市伝説になっていたという。

中に入ったきり、行方がわからなくなったとされるのは、吉田さんと前沢さんの他、川崎市の斎藤啓介さん（三十五歳、会社員）、町田市の五十嵐律子さん（五十二歳、無職）。住民の話によると、他にも身元のわからない人が複数名来ていたということで、警察では住民男性（三十八歳、無職）から事情聴取している。

090

ミニマリスト。（1.7万円）

091

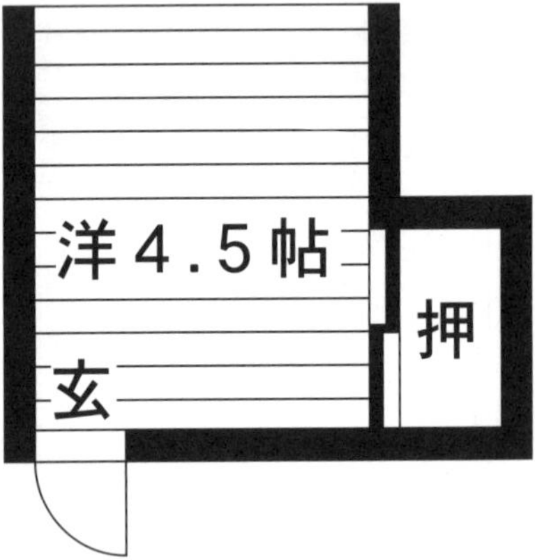

シンプリスト。(3.2万円)

092

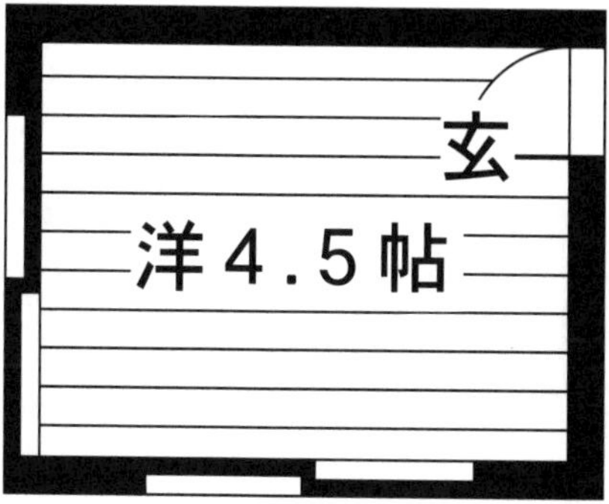

ストイスト。(3.8万円)

093

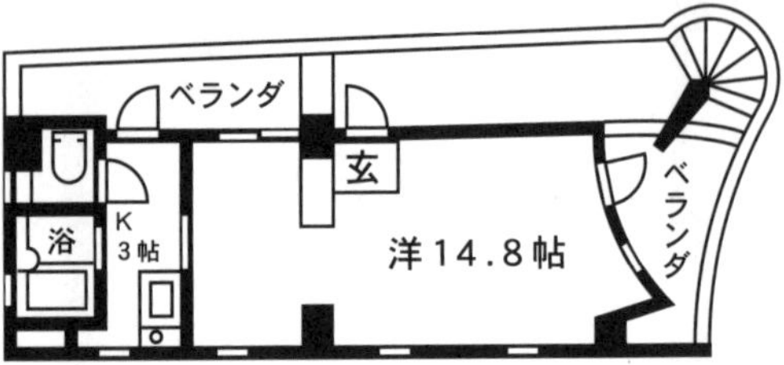

ロマンチスト。（9.7万円）

094

ナチュラリスト。（10.5万円）

095

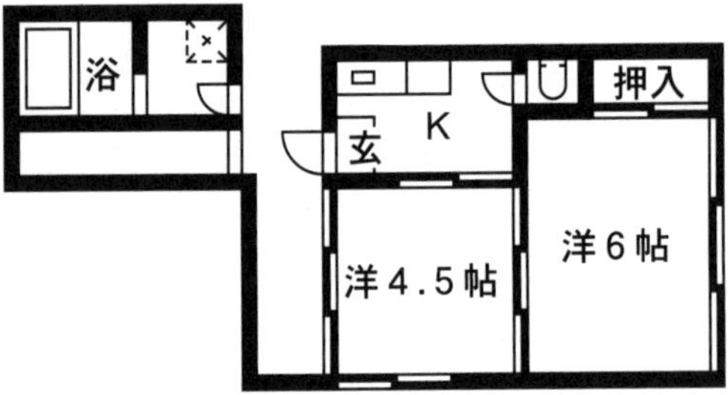

チラリスト。(5.2万円)

096

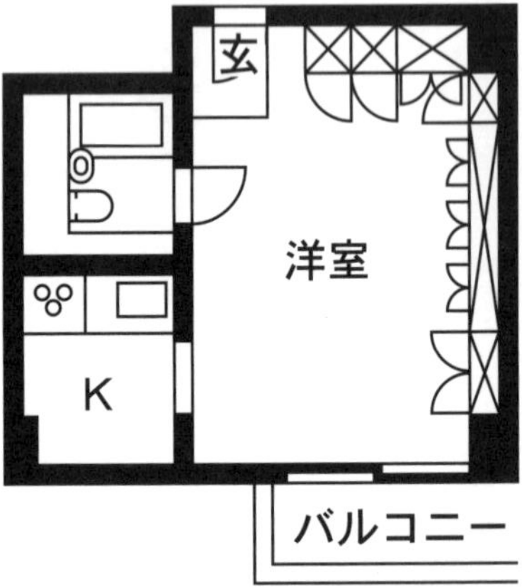

潜在的収納狂。(8.5万円)

097

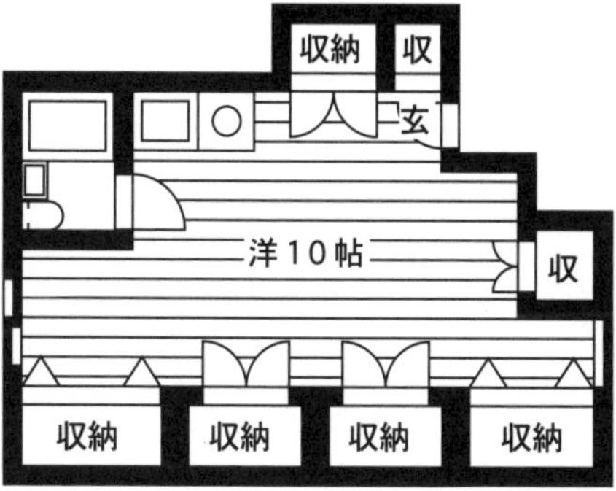

確信犯的収納狂。(8万円)

098

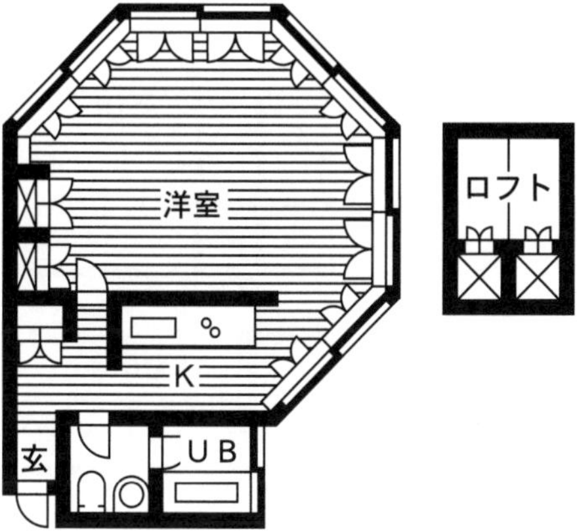

露出狂時代。(7.8万円)

099

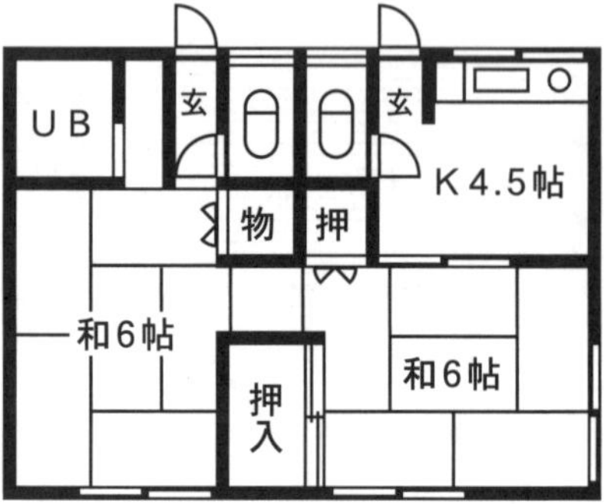

同棲時代(5.1万円)

コラム⑨

上京してきた女学生が、きっと親に内緒で同棲しているはず。親戚の法事のついでに母親が様子を見に立ち寄るとなると、男物の衣服等を本人ともども左の部屋に追いやって、物入れと押入れ（どう違うのかは不明）に挟まれた半間のスペースに、背の高い収納家具のようなものを配置。ものの五分で質素な女学生の下宿部屋に早変わり。こんな時、玄関とトイレが二つあるとても便利。でもちょっとしたスリル。

「銭湯が十一時までだから、夜遊びしたくても出来ないのよ」

隣の玄関を素通りして来た母に向かって、女学生は何食わぬ顔で。節度ある生活を送ってそうな娘の様子に母はひと安心。でも帰りしなには「風呂さづいたちゃんとしたところさ、ひっごしてもいいんでねが」なんて、親心をポロリ。「とりあえずはここでいいの。バイトして余裕ができたら引越すから」。親元を離れた娘の成長ぶりに嬉しいような、聞き慣れない標準語に少し淋しいような、そんな表情を浮かべて、母は郷里へ去る。

老け込んだ背中を見送った後、女学生が部屋に戻ると、収納家具を押しのけて、同棲相手登場。一見清廉だった部屋も徐々に乱雑に散らかる。夜ともなれば、男の友人が集まり、酒盛り、徹マン。お風呂に入っていても、すぐそこで雀牌の音がガチャゴロガチャゴロ。タバコ臭くなった髪を洗いながら、女学生はふと母の言葉を思い出し、長い溜め息を漏らす。

100

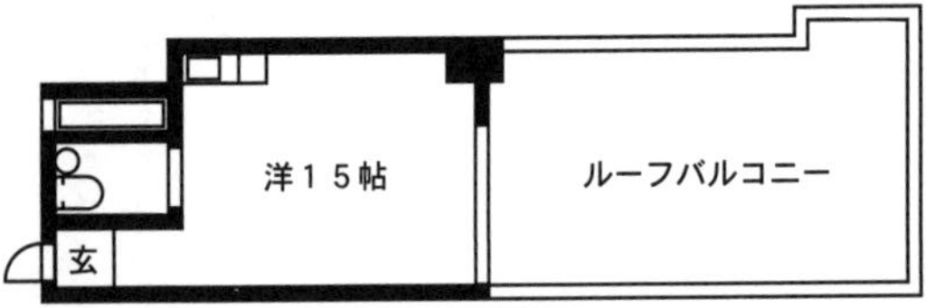

フィフティ・フィフティまであと少し。(7.5万円)

101

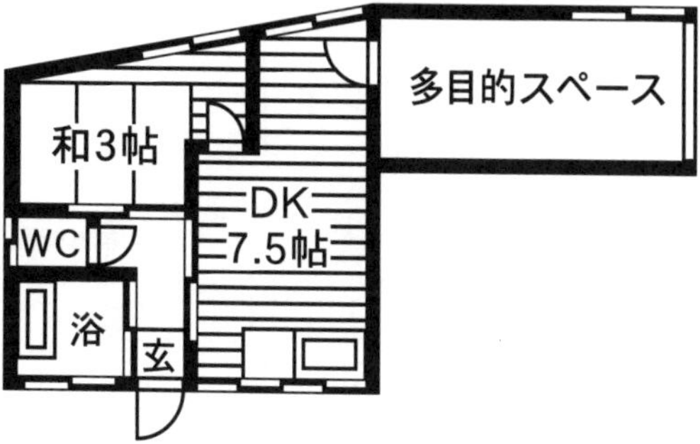

目的はそんなに多くない。(5.8万円)

102

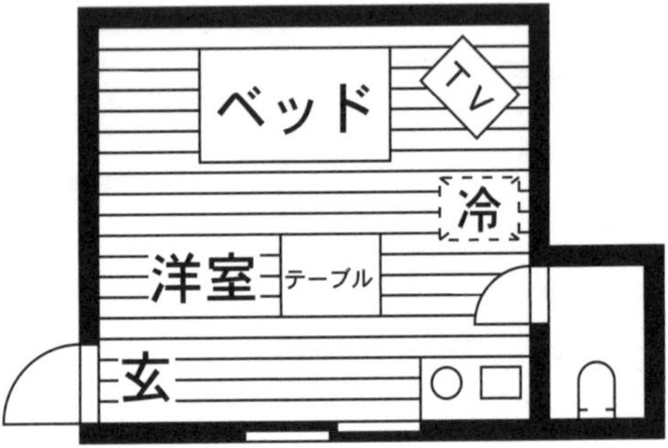

地デジ非対応。（5万円）

103

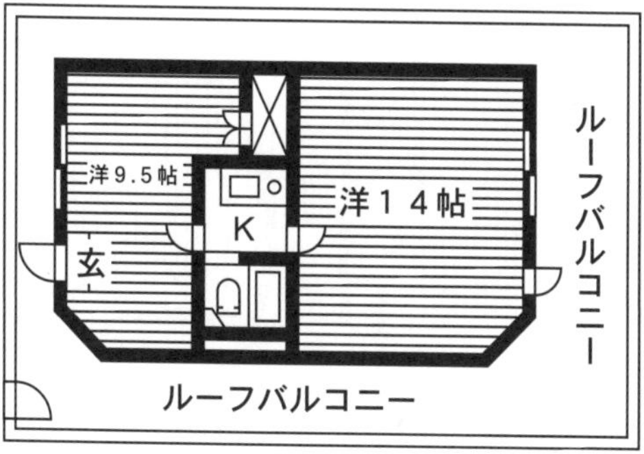

寄り弁。（15万円）

104

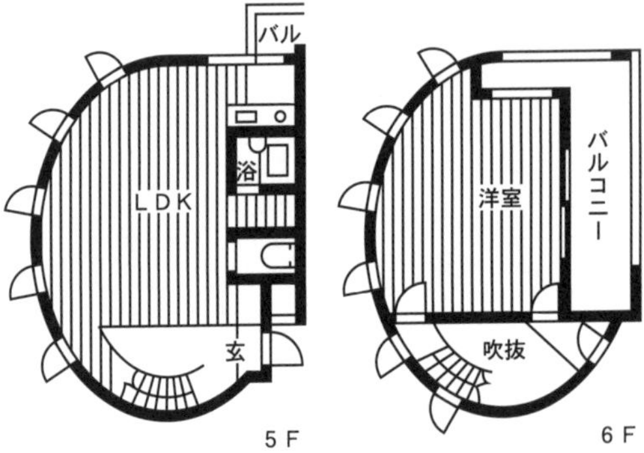

ギザギザハート。(14㎡)

105

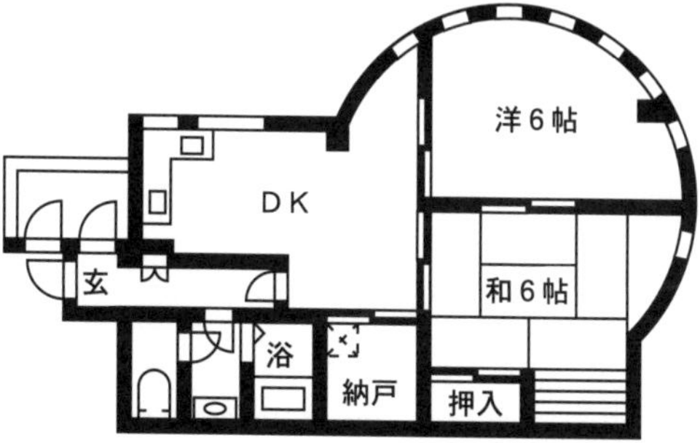

丸い部屋の魅力が未だにわからない。(11万円)

106

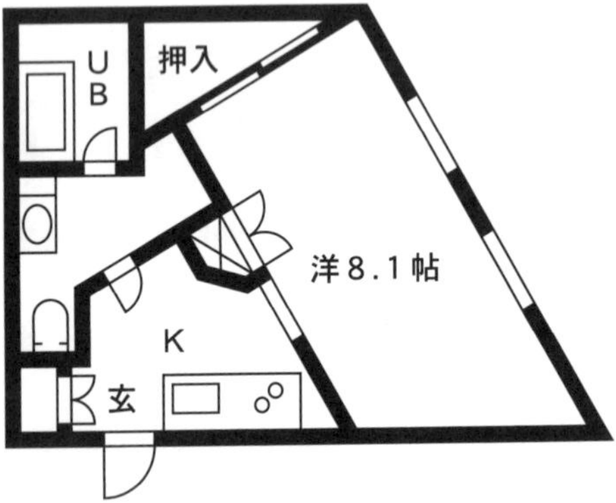

普通じゃつまらない。(8.3万円)

107

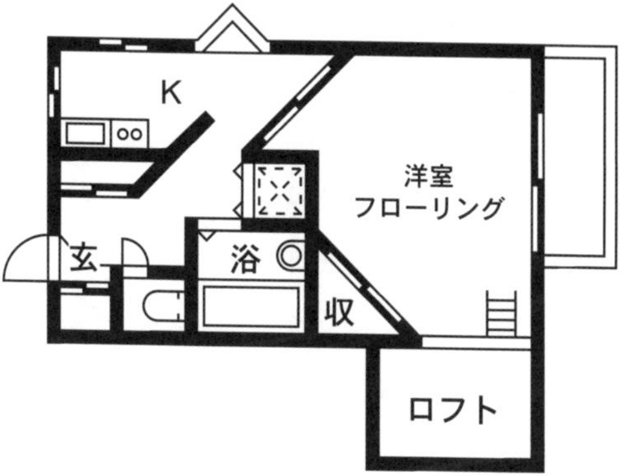

やっぱり普通が一番だよ。（10万円）

108

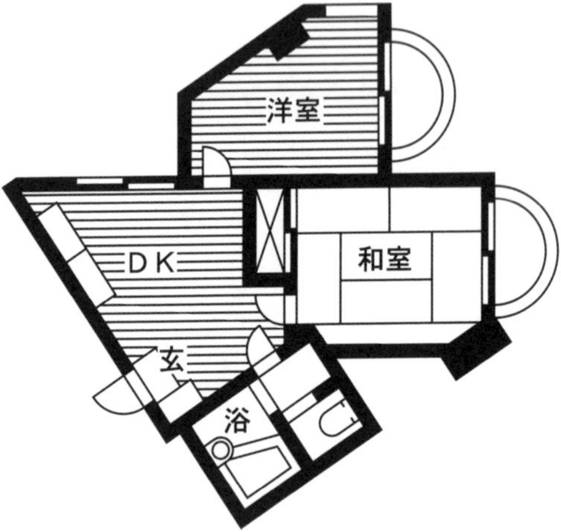

適度な自由。(11.6万円)

談話室①

「いつかは住みたいこんな部屋」

お客様

ノブエさんとフジシロくん

（大学院生）　（会社員）

佐藤和歌子（以下SW）　ノブエさん、近ごろ収納のことが気になって仕方ないんだって？

ノブエさん（以下N）　人は収納だけでは生きていけないってことに最近気づいたの。ただスペースがあればいいというものではなくて、そこには棚とかタンスのようなものがあって初めて収納として機能するんだって……。

SW　じゃあこれなんかどう？

N　いいよね、こういうのは。

SW　要するにひと続きの収納がイヤなのね。

フジシロくん（以下F）　自分で分ければいいじゃないか。だいたい、こんなにいろんな扉があったら落ち着かないよ。怖くて夜中に一人でいられなくなるよ。だって、扉がいっぱいあるんだよ。誰かいるかもしれないってことでしょ？

N　いたらいいよね。「君のことを待っていたよ」とか言われたい。

F　いやいや、こういう場合は大抵ヘンなのが潜んでるんだよ。真っ当なのは押入れになんか入ってないよ。

N　そこは妥協する。

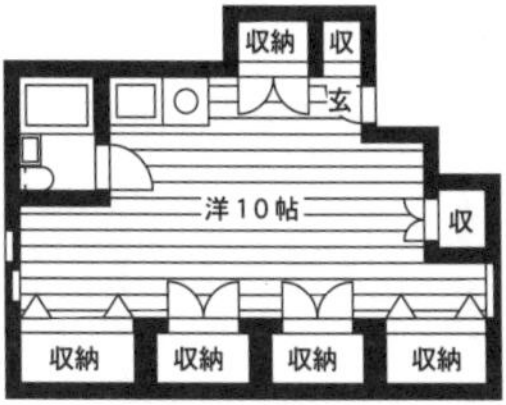

SW　フジシロくん、ちょっと言ってみてよ。
F　（小声で）君のことを待っていたよ。
SW　どう？　こんな感じ？
N　もうちょっと……。

N　これは夢があっていい収納ですね。
F　破けてるみたいな、この線は何？
N　これこそが夢でしょ！
SW　やだよこんなの。隣の部屋と繋がってるかもしれないじゃない。
N　隣に素敵な人が住んでればさあ……。
F　隣じゃなくて外に繋がってるのでは？
N　外ってのは構造的におかしいよ。
SW　隣だって十分おかしいよ。ここからどこか違う世界に行けたらいいね。でも、ここから出ていくのは想像がつくけど、入ってくる姿がピンとこない。〈収〉から出て〈玄〉か

ら帰ってくるのかなあ。

N　ちがうよ！　〈収〉から出て〈収〉から帰ってくるんだよ。

SW　そうかなあ。一度〈収〉から出てしまったら、二度とここには戻ってこられない気がするよ。収納の向こうに異次元空間がばあっと広がってるとすると、異次元の側からはこの出入口はとても見つけづらい。

N　ちがうって！　この先には一本の道が延びているんだから。

F　道？

N　どこかに同じ間取りの部屋があってそこに繋がってるの。

SW　そのパラレルワールドには誰がいるの？

N　そりゃあ……。

SW　僕はここで君のことをずっと待っていたよ。

N　そのとおり。運命の人。

SW　運命の人が六畳間に住んでるんだ。

F　もうちょっといい運命に期待したら？

SW　引き続きノブエさんのお気に入りだけど、これも運命の人がらみの魅力なのでしょうか？

N　これはずばりバスルームが魅力。

SW　浴室の窓からバルコニーへ水を滴らせながら出てゆくその解放感？

N　まさに！

F　なんでさっきからそう外に行きたがるわけ？　ちゃんと現実を見ろ！

N　もうマトモに見られない。

SW　しかも風呂場や押入れから出ていくんだよね。

N　玄関からしか外に出られないのはもうイヤなの！

SW　ははーん、しかもこの部屋はトイレにも扉がある。フルチンで出ていこうという魂胆ね。

F　フルチンじゃないでしょ。あ、言い直さなくていいよ。

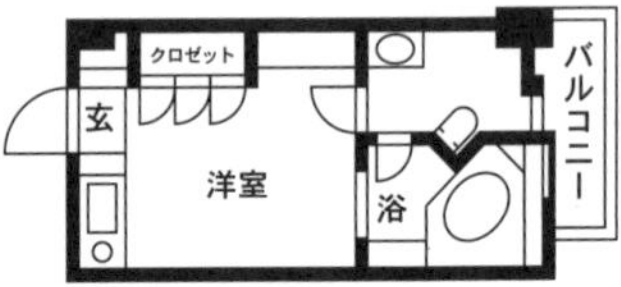

SW　で、フジシロくんのセレクションですけど、これは何がいいってどうせこういうことでしょ。美しいオネエサマが風呂上がりに浴衣なんかお召しになって、そんな姿を隣人であるフジシロくんがちらと目にする。

F　違います。これは、すべてを洗い流すための間取りなんです。つまり、仕事から帰ってくる。お風呂に入る。そこでその日の汚れをすべて洗い流す。汚れを落とす場所とリニューアルした私が帰ってくる場所は離れていたほうがいいんです。

N　温泉気分とか、そういう楽しいんじゃないんだ。

SW　湯上がりのホカホカおねえさんの浴衣姿、とかのほうがいいよ。

N　だいたい、風呂なんかじゃ洗い流せないよ。

F　オレは洗い流せる！　と、思う……。

SW　このスペースは何かなあ。脱衣所は風呂の手前にあるよねえ。この空間、何か邪《よこしま》なものを感じるなあ。

N　ねえ。

SW　ちゃんと見なよ、ここ。

F　……。すべてを洗い流す前に、ちょっと名残惜しいかなって考える場所だよ！

N&SW　ふーん。

SW　毎日考えて、毎日洗い流すの？

F　そうだよ！　ツルツルだよ!!

N　甘いよ、そんなの。

F　流しきれないとわかっていて、扉を開けてこの場所に行くのがまたいいんだよ。

N　ふーん、ナルシストだね。

N　これは台所を通らないと風呂にもトイレにも行けないけど。

SW　ステキなのはそっち側じゃない。これは、バルコニーごしに同居人と会話をするための間取りですよ。「おーい」って同居人を呼ぶと、向こうから「今日は月がきれいだね」って。いいでしょ？　糸電話とかするとますますいいよね。ノブエさん、そ

ういうの好きでしょ。

N　ファンタジーだね。でも、そういう夢はもう見られなくなってしまいました。同居人がいなかったらどうなるの？

SW　一人二役。

N　ほら、結局そういうことなんだよね。相手がいる人を選ぶよ、この間取りは。

F　同居人がいないと糸電話どころか、石を投げ合うこともできないもんね。

SW　ノブエさん、いっそ私とここに住むのはどう？

N　え？　女同士なの？

SW　ダメ？

談話室②

「無駄に長い玄関とか」

お客様

岸田 繁さん

（くるり ヴォーカル＆ギター）

岸田（以下K）　もう建て直しましたけど、僕が子供のころ住んでた家は親父が設計したものだったんですよ。

SW　へえ。お父さんは、建築関係のお仕事をなさってたんですか？

K　いや、何でも自分でやろうとする人なだけで。あれは、ほんとテキトーな家だった。

SW　テキトー！　子供心にも。

K　ホンマに。オカンもブーブー怒ってました。

（岸田氏、テキトーな間取りの図を丁寧に描く）

SW　お風呂が、離れのようになっているんですね。

K　すぐ外が庭だから虫がすごかったですよ。昭和五十一年築で、五十五年頃にはもう老朽化して、雨漏りしてた。

SW　それは早い。家族の団欒は主にどの辺りで？

K　団欒はないです。一応ダイニングキッチンはあったんですけど、テーブルの上にいつも物が置いてあって、飯が食えない。だから隣の部屋に運んで、水槽の横

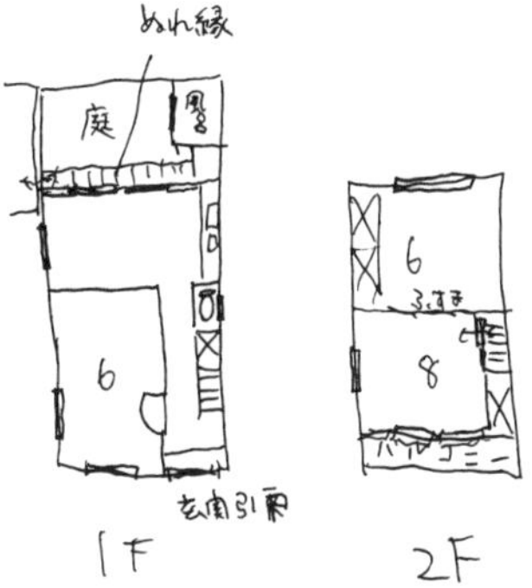

で食ってました。とにかく収納が少ないでしょう。それにしては物の多い家だったので。

SW　二階はどうでしたか？

K　フスマで二部屋が区切られていて、オトン、オカン、弟、俺、と並んで寝てましたね。全部丸見えで、ホンマに何もできんかった。

SW　それはいくつぐらいの時ですか？

K　十六歳くらいまでずっと。建て直しのために、その次に住んだのは賃貸の一戸建てで、戦後すぐという感じの古い家でした。二階の床が傾いていていて、ボールを置くと転がっていく。そこはすごく好きでしたね。

SW　サラサラと間取り図を描いてらっしゃいましたが、例えば引越しをする時に、間取りのどのあたりが主に気になりますか？

K　ポイントの一つとしては、住みやすさとは別に、どれだけエクストラスペースがついているか。

SW　エクストラスペース？　何ですか、それは。

K　例えばこのジョウロみたいな間取りだと、玄関から部屋までが無駄に長いですよね。遊びに来た人は、どんな部屋なんだろう？

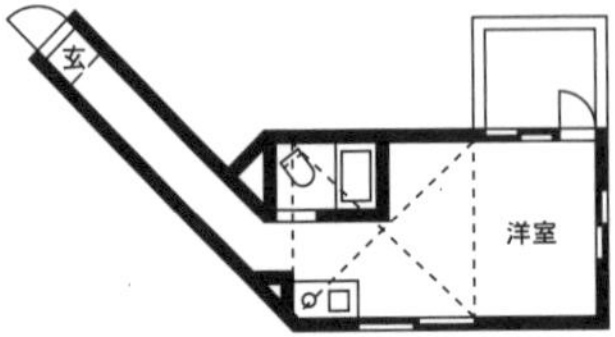

ってドキドキしますよ。自分でもドキドキしそう。しかもこの物件、「ペット相談」なんですよね。カメとか飼うといいんじゃないかなぁ。

SW　それなら、この間取りはどうでしょう？

K　バルコニー百畳……。パッと見だと、もったいない、もっと部屋作ったらいいのに、と思いますよね。でも、例えば、敷地が百坪あったとしたら、家を建てるのは四十坪で十分。他は広い庭とかにしたいですね。

SW　それがエクストラスペースなんですね？

K　そうなんですよ！　だから、僕は引越しを考えてるときにこの間取りを見つけたら、もしかしたら住むかもわからん。

SW　このエクストラスペースで何をするんですか？

K　眺めたり、日焼けしたりとか。

SW　日焼けに百畳も要りませんよ。もっと他に、百畳ならではの楽しみ方はないんですか？

K　いや、広いところに一人でぼーっとしているというのが重要なんです。公園でぼーっ

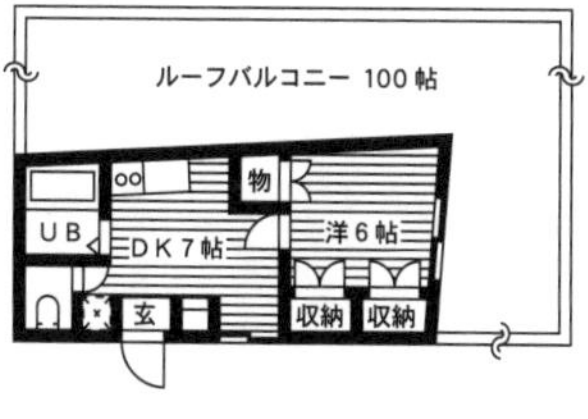

としているのと同じような感覚を自宅で楽しむ。

SW　他に気になる間取りはありますか？

K　これは……寄せろよ！　って思いますよね。センター水周り。人を呼んで鍋したり、犬飼って、ぐるぐるさせたりするんでしょうね。

SW　全部が廊下みたいですね。広めの廊下。

K　余計な脳みそを使いそう。そこにある物をどっちから取りにいくか、迷ったりして。山手線で、田端に行くならこっちからかなー、みたいな。

SW　やっぱりあっちからの方が近かったかもって後悔したり。心の弱い人は住まない方がいいですね。

K　住むなら、よっぽど無頓着な人か、妙にアーティスティックな人でないと。生理学的におかしい間取りですよ。体に悪いと思う。

SW　子供は喜びそうですけどね。鬼ごっこしたり。

K　いや、すぐ飽きるでしょう。何か間違ってる。絶対、生活しんどいですよ。タダって

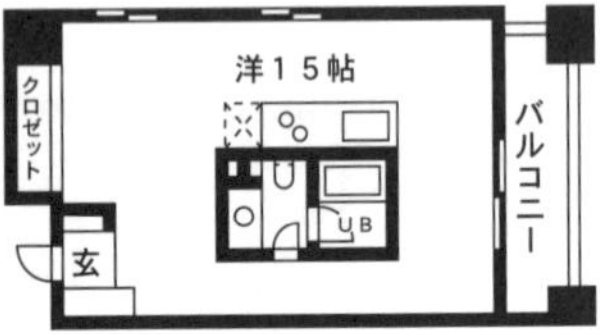

言われても、俺はいらん、こんな家！
SW　私はタダなら考えるけど……。
K　昔、京都で一万円の物件に住んでいたことがあります。ほとんど独房でした。
SW　この物件は一・七万円ですけれど、どうですか？　私はすごく好きなんですが。
K　これはキッチンもついてるし、全然いいですよ。なんかね、部屋がむりやり生活感出してるのってあんまり好きじゃないんですよ。最近のマンションで、ダイニングキッチンにバーカウンターみたいなのがついてるやつとか。ああいうのは、僕は壊しますね。それと比べたらこの一・七万円の部屋の方がずっといい。これはいい物件ですよ、冗談抜きで。本気で考えてもいいくらい。僕が一番好きなのは京都の町家の間取りなんですよ。ああいうものに憧れますね。ウナギの寝床といって、たまに中二階があるものもありますけど、基本的には平家で、三十、四十坪くらいの細長い家。玄関が引き戸で、狭い間口に格子のついた土間があって、もとは織物産業の人がそこで作業したりとか。
SW　織り機をパタパタやったり、糸を紡いだり。

K　そうそう。中に入るとぬれ縁に囲まれた坪庭があって、その奥にまた二つくらい部屋がある。トイレとか風呂が坪庭の隅にあったり。これまでは老朽化を理由に壊してマンションを建てたりしてましたけど、最近は保存運動もおきて、芸術家が買ったりしてるんですよ。

SW　住みやすそうですよね。

K　それは賛否両論です。まず風の吹き抜けがすごいから、寒い。虫もガンガン入ってくる。蚊や蠅はもちろん、ゴキブリも。構造上、冷暖房が付けられない場合もあるし。僕は大丈夫ですけどね。

SW　お話を聞いていると、好きな住みにくさと、嫌いな住みにくさがあるようですね。

K　ありますねぇ。今の実家はコンテンポラリーな三階建てで、ちゃんと設計されたものだから住みやすいんですけど、単に住みやすいだけというか。それに慣れて失ってしまったものも、あるのではないかと。

SW　失ったもの……それは何なのでしょう?

K　たぶん遊びの感覚だと思うんですよね。無駄に長い玄関とか、ポコッと出っ張ったところとか。町家だったら、土間とか、縁側とか。

SW　エクストラスペース?

K　エクストラスペース。

SW　ちなみに、それは一般的な用語なんですか？

K　いや、僕が勝手に考えました。

談話室③

「不動産広告を作る」

お客様

とうじ魔とうじさん

（特殊音楽家）

若い男女が机を寄せて。

SW　とうじ魔さんは以前、間取り関係というか、不動産関係で働いていたことがあるそうですね。今日はその内部事情をお伺いできればと思って。

とうじ魔とうじ（以下T）　今から二十年ぐらい前、二十歳から二十三歳までの三年間に人生でただ一度サラリーマンの経験をしたんですけど、それが「間取り」を扱う仕事だったんです。

SW　どんな会社だったんですか？

T　簡単に言うと不動産の広告会社かな。それまでは、例えば僕が目黒にある持家を売りたいとしたら、とりあえず目黒の近所の不動産屋に行きますね。一方で、川崎在住で家を買いたいと思ってる人は、特に川崎にある家が買いたいというわけではなくても、まずは川崎の不動産屋に行くでしょ。その人は、僕が話を持っていった目黒の不動産屋に行かない限り、僕の物件には巡り合わない。つまり、以前は選択肢が非常に少なかったんですね。そのシステムを変えて、ある不動産屋が持ってる情報を別の不動産屋でもわかるようにしたのが僕のいた会社なんです。会員になった不動産屋は自分の持っている情報を出して、僕らがその図面をひいて広告を作り、ほかの会員不動産屋に不動産情報として配布するわけです。間取り図とか現地までの案内図は左側に、右側には「売マンション」とか「貸マンション」とかいう物件の種別から始まって、その下にマンション名や住所、その下に価格、その下にほかの様々な情報や条件が続くという書式を発案したのもその会社です。例えば何百枚ものチラシをぱーっとめくって値段を見ていこうというときに、値段はだいたいこの位置にあると決まっていると、目で追うのが楽ですよね。

SW そもそもなぜその会社に？

T ごく普通に、「デザイナー募集／冷暖房完備」っていうアルバイト募集の記事を見て応募したんですよ。それまでは肉体労働でむさ苦しい男ばっかりの職場だったから、同年代の女の子もいて冷暖房完備のデスクワークなんて夢みたいだなって。最初はほんとに天国でしたよ。若い男女がキャピキャピ働いてて、学校の教室みたいで楽しかった。三十、四十人で机を並べて、お昼休みにはみんなで一緒にごはん食べに行ったりとか。会社が大きくなるにつれて、パートのおばちゃんも雇うようになって変わっていったけど。

SW 図面の描き方の基礎とかあるんですか？

T デザイン課の同僚はみんなデザイン学校を出てたからお手の物なんだけど、僕はデザインなんか志したこともなかったから、最初は図面というのはロットリングとか烏口っていうので描くものなんだと言われても「何それ」って感じでした。三年もやってるうちに僕も叩き上げられて上達して、図面を描く「トレーサー」と呼ばれる外注さんに、描き方を教えたりもしてました。

SW トレーサーは一日に何個くらいの図面を描くものなんですか？

T 子供を育てながら描くという内職的な人が多かったから、家庭の事情によって違うんですけどね。そういう人は一日五点から十点ってところ。内職じゃなくて、それを専門にしてる業者だと三十点ぐらいはお願いしてました。

SW 物件情報は最初はどういう状態で渡されるんですか？

T 基本的に不動産屋さんによる手書き原稿がやってきます。手書きだから汚いというか読みにくいんだけど、それをロットリングで読みやすく、誰もがわかりやすいかたちにする。間取り図に関しては、建築段階の図面や青焼きの青写真みたいなのを添付してくる場合もあるし、文字情報だけということもあります。「陽当たり抜群」とか「閑静な住宅街」「眺望抜群」なんていうパターン化されたコピーも、「62QゴナU」なんていう写植で活字にすると、見栄えがよくなるものなんです。

駅から○分、一日中陽が当たります。

T　まずは不動産屋に言われた通りに物件広告を作るんだけど、たまにこれはどう見ても嘘だろうっていうものもあって、そういうときは公正取引委員会みたいに「この内容はちょっとまずいので変えてもらえませんか」って業者に電話したりしました。今でも覚えているのは、「駅近し。駅から○分」とか。現地案内図を見ると確かに駅から近いんだけど、さすがに○分ではない（笑）。だから、駅から二〇メートルとか、三十秒っていう表示にしてもらわないと困ると言ったりね。あと、「陽当たり良好」はよくあるんだけど、「陽当たり最高。一日中陽が当たります」とか。「一日中」はまずいでしょう、やっぱり。

SW　間取り図はどうでした？　不動産屋さんの手書きだったら、けっこうデタラメなのもあるんじゃないですか？

T　六畳と書いてあるけど、どう見ても六畳の大きさじゃないだろうみたいなのはよくありましたよ。畳だったらあまり嘘はつけないんだけど、フローリングだと「これ六畳かあ？」みたいなの。比率が正確じゃないものがすごく多くて、僕らは方眼紙の上に正確に製図するから、あんまり変だと帳尻があわなくなってくるんです。

SW　こっち六畳でこっち五畳だけど、五畳のほうが大きく見えるとか。

T　そうそう。でもそれには裏ワザみたいのがあって、「現況有姿」って言葉を使えばいい。

SW　今は「現況優先」となってますね。

T　いろんな言い方があったけど、僕がやってたころは「現況有姿」というのをよく使ってました。もとは不動産屋の原稿に「現況有姿」って言葉が入ってたんです。あんまりひどい図面がくると、逆に「現況有姿と入れといてよろしいでしょうか」と申し出たりしてね。だいたい「どうぞどうぞ」と言われる（笑）。でもあるとき、「有姿」ってほかで聞いたことないけど、ほんとにある言葉なのかなと思って『広辞苑』ひいたら、載ってないんですよね。

SW　そんな言葉はないから使うのをやめようってことになったんでしょうね。そういうお仕事を三年もやってらっしゃると、やっぱり今でも間取り、気になりますか？

T　引越す予定もないのに、たまに不動産屋の窓を見ちゃうことはあります。今でも自分が作った〝売マンション〟とかのタイトルデザインが出てることがあるんですよ。「あ、これ、俺が書いたやつじゃん」なんて、密かな愉しみもありますね。

談話室④

「引っ越しのつわものを訪ねる」

お客様

石丸元章さん

（文筆家）

ＳＷ　実は私、いまだに引越しをしたことがないんですが、石丸さんだったらきっと変わった間取りの部屋に住んだ経験があるんじゃないかと思って。どうでしょう、引越し遍歴をお話しいただけますか。

石丸（以下Ｉ）　十八歳の時の予備校の寮生活が最初の一人暮らし。三畳に机とベッドと本棚だからかなり狭かったな。大学に入ってからは、更新料を払うのがバカバカしいからたいがい二年に一度引越すでしょ。それで色々な部屋には住んだよ。当時はまだ学生向けのワンルームが少なくて、はじめは府中の１Ｋのコーポでしたね。僕はライターの仕事を若い時からやってるから、その後は年齢のわりに広いところに住んでました。六〇平方メートルくらいのところに一人で、とかね。そこではすごく大きい水槽のためだけの部屋を作って、雷魚とか鯰とか釣ってきた鯉を飼ってたの。だけど飽きっぽいから、そのうち面倒臭くなっちゃって餌をやらなかったんだ。でも魚ってなかなか死なないのね。二カ月くらい留守して餌やんなかったら、さすがに鯉が死んでた。その間に浮浪者が

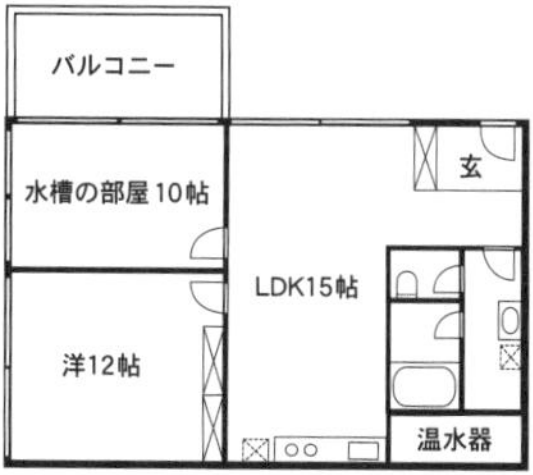

一見、平和な家族向け間取りだが…

住みついてたんだけど。

SW　え？

I　部屋に浮浪者が出入りしてるって管理人から電話があって、帰ってみたら三人くらいいてオレの服を着てんだよね。「何やってんだよ」って言ったらひらきなおられちゃって、「俺たちがこの家の面倒見てやってたんじゃないか」って。たしかに、飼ってた猫がそいつらになついてた。

SW　どうやって住人のいない部屋を見つけたんでしょうね。

I　長いあいだ留守してると見つけられるもんだよ。オレ、ほとんど家に寄り付かなかったから。それに、鍵を開けっぱなしにしてたし。

SW　私の友達にも、鍵をなくしたまま作らないで開けっぱなしにしてた子がいました。中にいる時は誰か入ってきたら怖いから閉めとくけど、いない時は怖くないから開けとくって。

I　鍵開けっぱなしの人ってけっこういるんだよね。男子なんか多いよ。

SW　追い出された経験もおありだと。

I　ああ、幡ヶ谷の部屋ね。女子高生とか次から次へと呼び込んで、裸にして廊下に突き出したりしてたから。その上、家賃を払わなくなっちゃった。ちょうどバブルの真っ最中で、家賃が高かったんだよね。

SW　住む町を選ぶ決め手はなんですか。

I　なんだろうね。でも一つ心に決めてる。中央線沿線は避けてます。

SW　なぜですか？　中央線沿線って、おかしな間取りが多いですけど。

I　中央線沿線に一度住むと、中央線の磁場から離れられないような気がして。線路上の二次元移動しか出来なくなりそうでしょ。高円寺から阿佐ヶ谷、阿佐ヶ谷の次は中野か荻窪に引越す、みたいに。あの沿線は独特だよね。都市に来た変人にも、居心地のいい町だとは思うんだ。でも、変人が住みやすい町に住んじゃいけないんじゃないかってのがあって。違和感を感じてたほうがいいって、常に思ってる。

SW　新宿の住み心地はどうでした？

I　新宿というか大久保ね。大久保は当時、外国人がどんどん増えはじめてて、未来の日本の予想図だなんて思ってた。通称「国際通り」と言われる大久保の裏通りに、外国人のストリートガールがいっぱい出はじめた時期で、おもしろそうだからぜひ住んでみたくて探したの。敷金礼金なしで、保証人もなしで借りられる部屋があってね、キッチンもない五畳間だけの半地下の新築の部屋。窓から通りを歩いてる人の脚が見えるんだよ。寂しい部屋だったなぁ。ベッドが付いてて、電動式で天井に移動するんだよね。有線とか電気コンロとかちっちゃい冷蔵庫も付いてた。風呂はなくてシャワーだけ。この部屋がけっこう高くて、十万円もするの。当時、日本人で住んでるのは僕だけでした。コインランドリーが中庭みたいな所に設《しつら》えられていたけど、お金の投入口がいつもこじ開けられてて、入れては出し入れては出し、タダで使えるようになってるわけ。何度直してもそうなんだよね。扉が無理矢理こじ開けられてるような騒動があったりして、警察が来るのはしょっちゅうだったね。プッシャーとか、五畳にいろんな人が出入りしてね。あれは休まんないね。もう狭い所はいやだと思った。最後、覚醒剤で発狂しちゃって引越した。住む前は、どうせ寝るだけだし、目を閉じちゃえば一緒だと思ったんだけど、五畳の部屋って心が休まんないよね。でもここは、のちに入る三畳の拘置所の前ぶれだったわけ。

SW　今はどんなところにお住まいなんですか。

I　隅田川を挟んで浅草の向こう側、アサヒビールの本社があるほうに住んでます。結婚する前も同じ町に住んでたんだけど、その町が好きだから通りを挟んで向かいの部屋に引越したの。地域社会にも参加してる。あのへんの人間はみんな地元びいきなんだよね。

SW　理想の間取りって、どんな感じのものですか？

I　部屋の中にコンビニがあるというか、扉を開けるといきなりコンビニになってる、みたいなのがあるといいよね。

SW　一階がコンビニで、その上が部屋というのはけっこうありますけど、さすがにコンビニに繋がってるというのは……。

I　つまりコンビニを中心に組み立てられてる部屋ってことね。一般の人向けに別の入口があってもいいけど。コンビニって、資本主義の末端神経だよね。深夜に一人でコンビニにいて、カップ麺の銘柄見たりとかさ、雑誌立ち読みして安心することない？　孤独な安心感なんだけどね。孤独なんだけど、同時に安心感がある、みたいなね。深夜にインターネットつなげている時も同じなんだけど。

それから、隠し部屋がある部屋かな。クレイジーな謀略をするのにいいでしょ。友達の部屋でね、ポスターが半分はげ落ちてたから何気なくめくってみたら、その向こうに部屋があったんだよ。奥に入ったらいろんな雑誌の切り抜きがびっしり。殺人事件の切

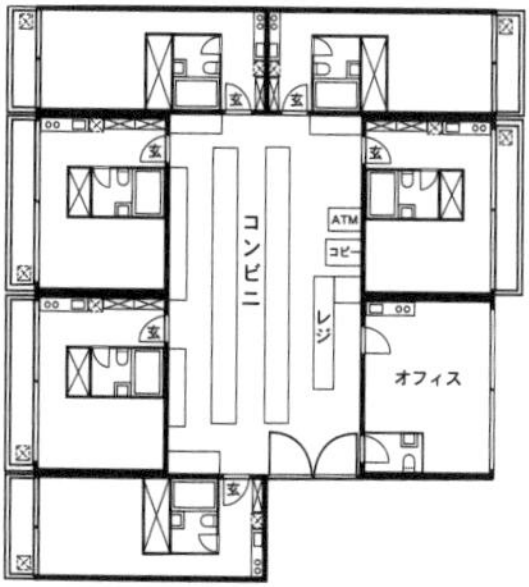

次世代ワンルーム？

り抜きとかが壁にびっしり貼ってあった。そこは小さな窓がついてるロフトもあって、その窓から隣の家の屋根に出られるんですよ。あの部屋はよかったな。でも、ロフト自体は嫌いなんだけどね。一時期、ロフトって流行ったよね。オレ、なんかロフトって好きじゃないんだ。主婦が牛乳パック使ってアイデア収納するような、あんな感じがして。狭いものは狭いものとして受け止めたいんだよ。アイデアはいいんだけど、頓智って感じがイヤ。ロフトって頓智っぽくない？　だいたいロフトって言い方がおしゃれ感を演出しててイヤだよね。

文庫版あとがき

単行本を出した後、どうしてこういう本を作ったのか、なぜ間取りなのか、と何度か聞かれました。確かに、何の説明もなくいきなりこの本を見せられても、少しわかりにくいかもしれません。文庫化にあたって、少しその辺りの事情について触れてみたいと思います。事情というほどのことでもなかったと思うのですが。

ヘンな間取りを集めるようになったのは、大学に入った直後くらいだったと思います。友人が持っていた賃貸情報誌をパラパラめくっていると、ふと扇型の間取り図に目が止まりました。「間取りって、四角くなくてもいいんだ」。さらにめくると、もっとヘンな間取りが意外とたくさんあるのです。友人と大いに盛り上がった後、あまりにおもしろすぎたので、その賃貸情報誌をもらって帰りました。

その後は、自分で賃貸雑誌を買っては、気に入った間取りをスクラップするようになりました。普通の雑誌を読むのと同じ感覚で、毎週のように賃貸雑誌を買っていたので、コンビニの店員には不審に思われていたかもしれません。
ちょうどその頃、大学の情報処理の授業で、ホームページを作るという課題が出ました。自己紹介や日記のページを作るのも気恥ずかしかったので、集めた間取り図をスキャンしてコメントと共に載せたところ、意外と好反応が返ってきました。間取りのおもしろさはある程度一般性があると認識したのは、これがきっかけだったと思います。

やはりその頃、なぜかシルクスクリーンにハマっていたのです。同じものを何度も刷れることに快感を覚えていたのでしょうか。東急ハンズで道具を買ってきては、自分で製版して、無闇にTシャツを刷っていました。私にはデザインの素養もセンスもありません。カッコイイTシャツ、オシャレなTシャツを作ることは主眼になく、間取りTシャツを作ることにしました。

一度に三十枚くらい刷って、都内のレコード屋や服屋で委託販売することにしたのですが、そこである疑問が湧いて来ました。コメントも何もなく、Tシャツだけでこの間取りの可笑しさが伝わるのだろうか、という疑問です。同時に、Tシャツ化した間取りは二種類だけだったので、もっと他の間取りも見せびらかしたい、という気持ちもありました。

販促も兼ねて、『間取り文化通信』というフリーペーパーを作って、Tシャツと一緒にお店に置いてもらうことにしました。フリーペーパーといっても、B5二つ折くらいで、大学の印刷機で印刷した、ごく簡単なものです。内容は、間取り図を十五個くらい載せて、コメントをつけたり、間取り対談をしたり。Tシャツは三回に分けて合計六パターン作り、フリーペーパーは『間取り通信』と名前を変えて、断続的に十号くらいまで出しました。

そうこうするうちに、大学のゼミを機会に知り合ったリトル・モアの編集者の方から、間取りの本を作らないか、というお誘いをいただきました。もとはフリーペーパーで配っていたものなので、これが商品になるのか、という不安はあったものの、こんな機会は一生ないだろうと思い、調子に乗って作ってしまったのが、『間取りの手帖』です。

長くなりましたが、大体こんな感じです。パソコンを使って素人がものを作るという、典型的なケースだったなあと、改めて思います。『間取りの手帖』については、作り手の予想に反して、何度か重版がかかり、無名の新人にしてはまずまずの成果となりました。何よりも、間取りを本にしようと提案して、わけのわからない学生相手に一冊の本にまとめて下さったリトル・モアの大嶺洋子さんと、私のわがままに気持ちよく付き合って下さった、デザイナーのサインのお二人のおかげです。

カバーが二つ折りでスピンが二本という、変則的な製本を現場に通してくれたのは、当時図書印刷の盟友、山下妙子さんでした。学生の頃にTシャツやフリーペーパーを置いて下さったお店の方々や、発売当時バイトしていた書店のスタッフの方々にも、本当に厚遇していただきました。

文庫化に際しては、新たに九つの間取りと四つのコラムを足して、コメントと順番を入れ替えました。もともと文庫のような小さな本だったので、何か新味を加えたいという私の見栄にお付き合い下さった、筑摩書房の井口かおりさんと、やはりサインのお二人に、改めて御礼申し上げます。

単行本であとがきを書かなかった分、謝辞が長くなり、一般の読者の方には申し訳ありません。これでも省いたのですが。

最後に、フリーペーパー作りを手伝ってくれた当時の友人に。あの時はありがとう。

佐藤和歌子

解説　うまいとこに目をつけた

南伸坊

高校生のころ、宿題で「住宅の設計」をしたことがある。設計といえば大層だが、つまり勝手な「間取り図」を書いたというにすぎない。特に条件もなく、ただ漫然と間取りをするだけで、要するに製図の課題っていうことだったと思う。

当時、建築設計で「コア構造」とかいって、水回りの要素、つまり、台所、浴室、トイレ、洗濯機置場をひとまとめにして、それをコア（核）に、回りにリビングスペースを配するとかっていう理屈があって、どこからかそんなこと仕入れてきて、そのコア構造の間取り理論で私は製図をしていたのだ。

五つ上の姉が、これに異常に興味を示して、覗き込んできた。きただけでなく、次第にダメ出しをし始めたのだった。

姉の曰く、この間取りじゃとてもじゃないが生活できない。「だって台所にも風呂にもトイレにも窓がない。息苦しくってとてもじゃないわよ」というのだった。

「とてもじゃないって、お前さァ、これはただ単に、宿題で図面書いてるだけなんだよ。お前の住む家、設計してるワケじゃないんだからさァ」

「そうだけど」と姉は言うのだった。そうだけどとてもじゃない、と言うのだった。佐藤さんの『間取りの手帖』をはじめて見た時、私はその四十年以上前の、高校生の頃のことを思い出していた。

なるほど、間取り図というものは、それを見る人の想像力を刺激してやまない。著しく刺激してやまないものらしい。見る人が見れば、間取り図は将来の希望だったり、憧れの舞台装置だったり、夢の場所だったりするし、そこからストーリイが始まったり、映画が動き出したりする引き金かもしれない。

その単なる記号から、かぎりなく想像が漏れ出してくるらしい。鉄道ファンの時刻表やダイヤグラムのように、野球ファンのスコアブックのように、そこからさまざまなことが汲みとられるのかもしれない。

私は、街に貼り出してあるハリガミを、写真で採集するのが面白くて、雑誌でハリガミ考現学という連載をしていたことがあった。手書きのハリガミなんて、いくらでも捏造が可能なのだが、それをしてしまえば、自分の楽しみを足下から崩してしまうことになる。

それは、珍らしかったり、変だったりするからおもしろいだけでなく、本当にあるからおもしろかったのだ。『間取りの手帖』のヘンな「間取り」も、すべてが実在の間取りである。「誰かがここに住んでいる」間取りなのだった。

なるほどなァ、うまいとこに目をつけたなァ、と私は唸った。

へ〜〜んな間取り図があって、まるで一コママンガのキャプションみたいな、短いコメントがついている。このコメントの切りつめ方と、一ページに間取り図一つだけを配した「思いきり」にセンスがある。

あとがきで触れておられるように、文庫化にあたって新たに九つの間取りを加えて、コメントを変え、順番を編集しなおした。

たとえば０２３の「鍵の管理に悩む。」は、親本では「入ってびっくり、同じ部屋。」となっていて、私はこっちのキャプションの「そのまんま」な感じもけっこう好きだ。文庫版のほうがソフィストケートされたかもしれない。

０９０の「ミニマリスト。」は、親本では、「入口！」だった。三帖間にトートツに入口がついてるかんじのバカバカしさがいい。これは、編集が変わって次に、「シンプリスト。」「ストイスト。」「ロマンチスト。」「ナチュラリスト。」「チラリスト。」とつながる「おもしろさ」のほうをとったものだろう。

だから０９４の「ナチュラリスト。」も、親本のときは「いつのまにかベランダ。」で、これもけっこう私は好きだったのだが、そういうわけで、こうなった。

つまり、親本をそのまま文庫にしない、工夫をしてあるということだ。これは佐藤さんのサービス精神である。親本を持っている人はこの「つき合わせ」をしてみると、佐藤さんの工夫のあとを楽しむことができるだろう。

親本にはなかった「あとがき」で、佐藤さんが「間取りのおもしろさはある程度一般性があると認識した」時のことに言及しているのは、この編集センスや、サービス精神の証明であって、自分だけで閉じていない、単なるコレクターじゃない大人な感じ、社会性であると私は思う。

このことは、佐藤さんが「間取り」にかぎらず、また次に何かおもしろいこと、世間がアッと驚く、新たな娯楽を発見してくれそうな期待をもたせて楽しみである。

「アッと驚かしてくれる人、笑わしてくれる人というのは世の中の宝である」

と言ったのは私だ。いま言った。

本書は、『間取りの手帖』（リトル・モア　二〇〇三年四月刊）に、加筆し、再編集して文庫化したものです。

ちくま文庫

間取《まど》りの手帖《てちょう》 remix《リミックス》

二〇〇七年三月十日 第一刷発行
二〇二二年十月五日 第九刷発行

著者 佐藤和歌子（さとう・わかこ）
発行者 喜入冬子
発行所 株式会社 筑摩書房
東京都台東区蔵前二―五―三 〒一一一―八七五五
電話番号 〇三―五六八七―二六〇一（代表）
装幀者 安野光雅
印刷所 三晃印刷株式会社
製本所 株式会社積信堂

ISBN978-4-480-42289-7 C0177